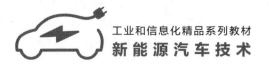

工业和信息化精品系列教材

新能源汽车技术

新能源汽车
技术概论

科普版

何扬 毕全国 | 主编

舒一鸣 王丹 叶永辉 张瑞民 | 副主编

李东江 周定华 | 主审

NEW
ENERGY AUTOMOBILE

人民邮电出版社

北 京

图书在版编目（ＣＩＰ）数据

新能源汽车技术概论：科普版 / 何扬，毕全国主编
. -- 北京：人民邮电出版社，2024.5
工业和信息化精品系列教材. 新能源汽车技术
ISBN 978-7-115-63800-7

Ⅰ．①新… Ⅱ．①何… ②毕… Ⅲ．①新能源－汽车
－教材 Ⅳ．①U469.7

中国国家版本馆CIP数据核字(2024)第039991号

内 容 提 要

本书全面讲述新能源汽车技术及相关知识。全书共 11 个模块，主要介绍地球能源、环保，以及新能源汽车发展历程、技术特点和未来发展趋势等方面的内容。本书采用科普形式，辅以生动的漫画，以通俗易懂的方式，力求使初学者"喜欢读、读得懂、用得上"。

本书可以作为职业院校新能源汽车相关专业学生或者新能源汽车初学者入门的基础教材，也可以作为初、高中学生劳动课程的辅助参考资料。

◆ 主　　编　何　扬　毕全国
　　副主编　舒一鸣　王　丹　叶永辉　张瑞民
　　主　　审　李东江　周定华
　　责任编辑　刘晓东
　　责任印制　王　郁　焦志炜
◆ 人民邮电出版社出版发行　　北京市丰台区成寿寺路 11 号
　　邮编　100164　电子邮件　315@ptpress.com.cn
　　网址　https://www.ptpress.com.cn
　　保定市中画美凯印刷有限公司印刷
◆ 开本：787×1092　1/16
　　印张：16.5　　　　　　　　2024 年 5 月第 1 版
　　字数：394 千字　　　　　　2024 年 5 月河北第 1 次印刷

定价：59.80 元

读者服务热线：(010)81055256　印装质量热线：(010)81055316
反盗版热线：(010)81055315
广告经营许可证：京东市监广登字 20170147 号

专家委员会

前　言

随着全球气候变暖、环境污染、石油资源匮乏，新能源汽车由试点逐步走向普及，并连续多年全国销量呈指数级增长。在职业教育领域，新能源汽车相关专业相继开设；与此同时，众多与新能源汽车相关的教材走进了课堂，但无论是按照技术路线组织内容（三电一充），还是按照产品路线组织内容（纯电、混动等），都离不开新能源汽车基础知识的入门教材。

如何让学生在刚接触新能源汽车专业知识时，既能了解新能源汽车基本知识，又能产生对新能源汽车技术学习的兴趣？采用"科普+漫画"的形式是一个好的尝试。

将专业技术类教材以科普形式撰写，一直是万通教育持续创新的动力。编者从学生的需求出发，从提升学生的学习兴趣出发，从学生学懂到实用出发，力求编写一本既通俗易懂又有一定专业知识的技术类科普教材。本书的主要特色如下。

➢ 当你觉得这是一个问题的时候，"大万"会及时提问，"叶博士"会及时解答。

➢ 当你觉得不理解的时候，形象的漫画会呈现在你眼前。

➢ 书中有"名师解惑"栏目，编者将以视频解答（视频在人邮教育社区下载）。

本书由万通教育研究院组织编写，奇瑞汽车股份有限公司作为主要技术合作方提供了相关技术资料。本书由中国汽车工程学会专家、万通教育研究院专家顾问何扬和奇瑞控股集团有限公司奇瑞大学校长助理毕全国担任主编，万通教育研究院舒一鸣、王丹、叶永辉和成都汽车职业技术学校张瑞民担任副主编，《汽车维护与修理》杂志社主编李东江和奇瑞新能源汽车股份有限公司周定华担任主审。河南工学院、成都汽车职业技术学校部分教师也参与了本书的编写。本书漫画由万通教育研究院李春霖绘制。

由于编者水平有限，书中难免存在不妥之处，恳请读者予以指正！

编　者

2024 年 2 月

目　录

模块 1　地球上的能源 …………… 1

　　1.1　认识地球上的能源 ……… 1

　　1.2　汽车能源特点与发展 …… 9

模块 2　走近新能源汽车 ………… 18

　　2.1　新能源汽车发展史 ……… 18

　　2.2　认识新能源汽车 ………… 26

　　2.3　发展新能源汽车的好处 … 32

　　2.4　新能源汽车发展现状 …… 42

模块 3　新能源汽车与高压电的关系 … 49

　　3.1　新能源汽车和燃油汽车的
　　　　不同 …………………… 49

　　3.2　新能源汽车的高压电 …… 55

　　3.3　学习新能源汽车专业知识
　　　　与考低压电工证的关系 … 64

　　3.4　安全、正确检查新能源
　　　　汽车的方法 …………… 70

模块 4　关于驾驶新能源汽车 …… 81

　　4.1　新能源汽车和燃油汽车的
　　　　面板差异 ……………… 81

　　4.2　新能源汽车的操控特点 … 87

　　4.3　购买新能源汽车的注意事项 … 97

模块 5　大个头的新能源汽车电池 … 105

　　5.1　生活中常见的电池 …… 105

　　5.2　新能源汽车常用的动力
　　　　电池 ………………… 112

　　5.3　动力电池在使用时的注意
　　　　事项 ………………… 122

模块 6　新能源汽车的动力系统 … 128

　　6.1　新能源汽车是否有发动机 … 128

　　6.2　认识新能源汽车 ……… 135

模块 7　新能源汽车电气小秘密 … 142

　　7.1　新能源汽车里的电气
　　　　小秘密 ……………… 142

　　7.2　新能源汽车对高压的管理
　　　　与控制 ……………… 147

　　7.3　新能源汽车直流电的秘密 … 153

　　7.4　新能源汽车的能量回收 … 159

模块 8　混合动力汽车基础 ……… 165

　　8.1　能上绿牌的混合动力汽车 … 165

　　8.2　混合动力汽车的结构与
　　　　省油特点 ……………… 172

　　8.3　选择混合动力汽车的
　　　　小技巧 ……………… 181

模块 9　新能源汽车充电知识 …… 189

　　9.1　新能源汽车电池充电的
　　　　必要性 ……………… 189

9.2　快充和慢充的特点 ·········· 195

模块 10　新能源汽车和未来智能
　　　　网联的关系 ·········· **204**
10.1　智能网联对汽车的影响········ 204
10.2　智能网联与无人驾驶技术····· 213
10.3　智能网联技术基本要素········ 219

模块 11　其他新能源汽车 ·············· **227**
11.1　氢燃料电池汽车················ 227
11.2　新能源汽车势能技术·········· 235
11.3　太阳能汽车技术··············· 240
11.4　风能汽车技术················· 246
11.5　核能汽车····················· 253

模块 1
地球上的能源

1.1 认识地球上的能源

【大万问】什么是能源？这个问题还不简单吗？汽油不就是能源吗？大街上的汽车，用的就是汽油！好像还有其他的能源，但具体有哪些，我得想想！

【同学讨论】小朱："我知道！煤炭也属于能源。"小周："我也知道！天然气也是能源。"小吴："家里烧饭用的就是天然气！"小李："还有哪些是能源？"

【叶博士提示】同学们对能源很感兴趣，这很好！新能源汽车课程中就涉及能源的内容。

1. 基本概念

（1）认识能源

什么是能源？能源是指能够提供能量的资源。能量通常指热能、电能、光能、机械能、化学能等。能源的使用示例如图 1-1-1 所示。

当阳光照射到我们身上时，在夏天我们就会感到灼热，在冬天我们就会感到温暖，这是因为太阳提供了热能，如图 1-1-1（a）所示。

可口的饭菜可以用天然气燃烧所产生的热能烧制，如图 1-1-1（b）所示。

汽车行驶是燃烧汽油使其热能转换为动能驱动汽车所致，如图 1-1-1（c）所示。

|（a）晒太阳|（b）烧饭|（c）汽车行驶|

图 1-1-1　能源的使用示例

人类的生存离不开能源！

（2）能源分类

能源按其来源可大致分为 3 类。

第一类，来自太阳的能源，主要指太阳辐射能及间接来自太阳的能源（如水能和风能等）。

第二类，来自地球自身的能源。一种是储藏于地球内部的热能和重力能，包括来自火山、地震、地下蒸汽、热岩层、地下热水等的能源；另一种是海洋和地壳中储藏的能源。

第三类，因月球和太阳等天体对地球的引力产生的能源，如潮汐能。

《中华人民共和国节约能源法》中所称的能源，是指煤炭、石油、天然气、生物质能和电力、热力以及其他直接或者通过加工、转换而取得有用能的各种资源。

按能源的形成和再生性，可将能源分为两大类。

第一类，可再生能源，包括太阳能、水能、风能、生物质能、波浪能、潮汐能、海洋温差能、地热能等。它们在自然界可以循环再生，是取之不尽、用之不竭的能源。

第二类，不可再生能源，主要包括煤炭、石油、天然气、油页岩、核能等。不可再生能源是在自然界中经过亿万年才形成的能源，它们在短期内无法恢复。随着大规模开采和利用，它们的储量会越来越少，直至枯竭。

2. 钻木取火——人类早期使用的能源

远古时期，在今天的河南商丘一带，燧人氏与族人在此生活。燧人氏从鸟啄树木出现火花中受到启示，折下燧木枝，钻木取火，如图 1-1-2 所示。之后，人类学会了用火烤制食物、照明、取暖等。能源（木柴）采集和加工（钻木取火），使得人类生活进入了一个新阶段。

然而，随着社会的发展，人们发现燃烧木柴的弊端非常多。首先，木柴的热效率很低，一般只有 10%～15%，而燃煤锅炉的热效率一般是 78%～85%。

树木通过光合作用，吸收二氧化碳，释放氧气。一亩树林释放的氧气足够 65 人呼吸。热带雨林等更是保证了整个地球的碳循环和生态平衡。人类为了获得更多的木柴能量，过度砍伐树木，使森林遭到严重破坏，如图 1-1-3 所示。如果树木都作为燃料燃烧，不仅会极大地浪费资源，而且会给人类带来严重的环境污染和生存灾难。

图 1-1-2　钻木取火

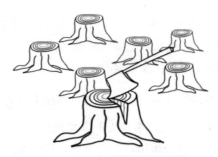

图 1-1-3　森林遭到严重破坏

因此，人们开始寻找更合适的能源，煤炭就成了下一个目标。

3. 煤炭——工业革命的基础能源

第一次工业革命前期，人们发现了煤炭的燃烧能量，因此把煤炭誉为"黑色的金子"。煤炭作为当时的新兴能源被大规模开采、利用，它以巨大的消耗量支撑起了工业的飞速发展，世界进入"煤炭时代"，如图 1-1-4 所示。但由于煤炭是不可再生能源，经过 100 多年的消耗（仅 2013 年全世界就消耗煤炭约 80 亿吨）之后，煤炭储量急剧下降，且大量空矿井塌方，形成洼地，破坏了生态环境。

图 1-1-4　煤炭时代

2021 年，世界已探明的煤炭储量占比如图 1-1-5 所示。这个储量虽能满足我们使用几百年，但煤炭的大量开采，不仅破坏了生态环境，更严重的是，煤炭通过燃烧，转换成热能、动能或其他能量的同时，会产生大量的二氧化碳及粉尘等。1t 煤炭燃烧后能产生大约 3.67t 二氧化碳，每发 1kW·h 的电（火力发电）产生的二氧化碳约为 1030g。

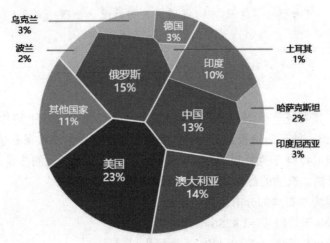

图 1-1-5　世界煤炭储量占比

二氧化碳大量产生，一方面会导致"温室效应"，影响地球的气候变化；另一方面有害人体健康（低浓度二氧化碳对呼吸中枢有一定兴奋作用，高浓度二氧化碳能抑制呼吸中枢，浓度特别高时会导致生命危险）。

4. 石油——工业革命中的能源"后起之秀"

人类很早就认识到木柴和煤炭在燃烧时对人体的危害。比如，站在燃烧物燃烧时所产生的浓烟之中，就会被呛，进而导致咳嗽。这就促使人类对其他能源进行进一步探究。

 【叶博士自豪地告诉大家】根据历史记载，中国是世界上最早发现和应用石油的国家。早在宋代，著名学者沈括就在地质学和古生物学方面提出了极其卓越的见解。

石油是一种黏稠的、深褐色的液体，被称为"工业的血液"。

石油不能直接使用，需要进行提炼，提炼后的衍生品可应用于不同场合，如高级煤油用于航空、普通汽油和柴油用于汽车、冶炼后的残渣（如沥青）用于马路的铺设等。随着石油衍生品的应用愈加广泛，石油逐步占据了能源市场的主导地位。

 【大万问】那煤炭和石油，谁的热效率更高？

 【叶博士答】大万问得好，只有对比才看得出差异！

在回答之前，需要统一热值标准。我国规定每千克标准煤（以下简称"标煤"）的热值为 7000 千卡。因此，能源热值折算成标准煤系数就等于某种能源实际热值/7000。如"汽油43124 千焦/千克和 1.4714 千克标煤/千克"，表示 1 千克汽油所产生的热量为 14714 千克煤炭所产生的热量。显然，汽油的热效率要高于煤炭的约 47%。

以下数据为煤炭与石油部分衍生品能量相比较的情况：

➤ 原油 41868 千焦/千克=1.4286 千克标煤/千克。
➤ 燃料油 41868 千焦/千克=1.4286 千克标煤/千克。
➤ 汽油 43124 千焦/千克=1.4714 千克标煤/千克。

> 煤油 43124 千焦/千克=1.4714 千克标煤/千克。
> 柴油 42705 千焦/千克=1.4571 千克标煤/千克。
> 液化石油气 47472 千焦/千克=1.7143 千克标煤/千克。

　　从上述数据可以看出，无论是石油还是其衍生品，其热效率都高于煤炭的。此外，石油衍生品在应用过程（如汽车行驶）中所产生的废气对自然环境的影响也是小于煤炭的。正是由于其优异特性，石油才成为"工业的血液"。

　　石油的开采与使用和汽车的发展密切相关。19 世纪中后期，使用汽油的内燃机诞生。1886 年，汽油发动机作为汽车动力装置投入使用，为当时的汽车提供了前所未有的迅猛动力，极大地促进了汽车行业的发展，如图 1-1-6 所示。当汽车开始遍布世界的时候，汽油的销量也稳步上升，逐渐成为石油工业的主导产品。

　　石油的重要性也因此与日俱增。1967 年，石油在全球能源结构中的比例首次超越煤炭，开启了以石油为主的时代。由于石油的热效率较高，比煤炭清洁、使用方便、转换效率高，且石油当时价格低廉，很快便取代了高价的煤炭。石油的大规模开采和利用，使得世界经济有了突飞猛进的发展。西方发达国家借助于廉价的石油资源，实现了经济的快速发展，如图 1-1-7 所示。时至今日，石油使用量还在逐年增加，汽油、柴油仍是交通车辆和其他动力机械的主要动力来源。

图 1-1-6　使用汽油的汽车

图 1-1-7　石油财富

5. 新型能源的出现

　　石油从发现到开采的时间至今不过 100 多年，但人类已感受到"石油枯竭"的威胁。汽油、柴油价格的变化，从没像今天这样得到如此关注！

【叶博士说】有几项数据需要关注。

2015 年底，全球原油探明储量约为 16976 亿桶，至今人类已开采了约 9000 亿桶石油。图 1-1-8 所示为 2003—2013 年石油的开采量数据。

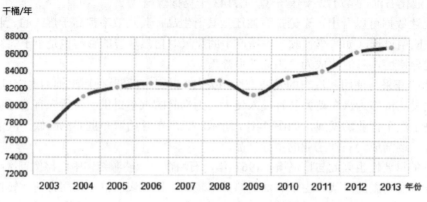

图 1-1-8　2003—2013 年石油的开采量数据

参照 EIA（Electronic Industries Association，电子工业协会）数据，2020 年电动汽车和燃油汽车在全球的注册数量为 13.1 亿辆。

中华人民共和国生态环境部发布的《2022 年中国机动车污染防治年报》显示，2022 年，全国机动车排放污染物达到 4607.9 万吨，机动车污染已成为我国空气污染的重要来源，是造成雾霾、光化学烟雾污染的重要原因。

这几项数据让我们看到了什么？由于传统能源（如煤炭与石油）的不可再生性，人类不得不加快探索可循环的环保新能源的脚步。

新能源，又称非常规能源，是指传统能源之外的各种能源，也指逐步开始开发利用或正在积极研究、有待推广的能源，如太阳能、风能、海洋能等。

（1）太阳能

太阳能是一种可再生能源，是指太阳的热辐射能，在现代一般用于发电或者为热水器等提供能量。

其实地球上的生命诞生以来，就主要靠太阳能生存。在化石燃料日趋减少的情况下，太阳能已成为人类使用的能源的重要组成部分，并不断发展，如图 1-1-9 所示。众所周知，太阳能的收集和转换有很高的技术难度。一方面，太阳能板的收集太阳能和将其转换为电能的效率尚不尽如人意；另一方面，由于太阳辐射的强度和时间与地区和时间（如白天、夜晚、晴天、阴天、夏季和冬季等）有关，可收集的太阳能会有很大的差异。这也造成了太阳能在短期内难以成为人类使用的主要能源。

（2）海洋能

海洋能指蕴藏于海洋中的各种可再生能源，包括潮汐能、波浪能、潮流能、海洋温差能、海上风能、海水盐差能等。这些能源都具有可再生和不污染环境等优点，是亟待开发利用且具有战略意义的新能源，如图 1-1-10 所示。

图 1-1-9　太阳能

图 1-1-10　海洋能种类

小助手提示

潮汐是一种自然现象，是指海水在天体（主要是月球和太阳）引力作用下所产生的周期性涨落现象。习惯上把海面垂直方向的涨落称为潮汐，而把海水在水平方向的流动称为潮流。人类的祖先为了表示生潮的时刻，把发生在早晨的涨落叫潮，发生在晚上的涨落叫汐。海水的涨落会产生巨大的能量，如被用于发电，则可产生巨大的能效。潮汐用于发电如图 1-1-11 所示。

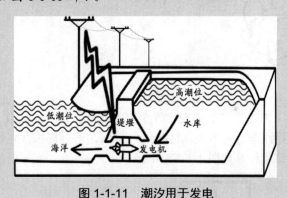

图 1-1-11　潮汐用于发电

（3）风能

　　风能是空气流动所具有的能量。风能与其他能源相比，具有明显的优势。风属于自然现象，理论上讲风能的蕴藏量无限大，分布广泛，永不枯竭。风能对交通不便、远离主干电网的岛屿及边远地区尤为重要。风能最常见的利用形式为风力发电，如图 1-1-12 所示。风力发电的原理是靠风力带动巨大的"螺旋桨"（亦称风叶），进而带动发电机组发电。

图 1-1-12　风力发电

【大万问】风力发电的发电量是多大？如果风力发电这么好，那还要烧煤炭发电做什么？

【叶博士答】大万提的问题很好！事物往往"各有利弊"，目前我国主流风力发电机的功率通常为1500kW，风轮直径为77m，塔高为65m，理论上讲（假设风力大小均衡）1h能发电1500kW。

这样的发电效率是非常可观的。然而，在不同地区和不同的季节，风力是不一样的。即使是同一地区不同的时间段，风力也不尽相同。相对而言，平原的风力要好于丘陵的风力，高原的风力要好于平原的风力。正是由于风力的不稳定性，电不能恒定输出，在部分地区，通过风力发出的电除了当地自用，还输入公共电网（亦称并网），并可实现一定的经济效益。需要注意的是，一台功率为1500kW的标准风力发电机的价格约450万元。

【大万吃惊】我的天啊！这个价格一般个体很难承受。

（4）氢能

氢能在未来很有可能成为一种重要的能源。氢气的制取、储存、运输、应用也将成为科技界，尤其是汽车行业所关注的焦点。目前，部分国家（包括中国在内）已有小规模的氢燃料电池汽车试运行，如图1-1-13所示。

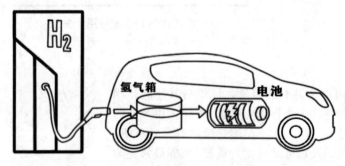

图1-1-13 氢燃料电池汽车

本节中，叶博士带我们学习了地球上的能源，相信同学们都有所收获。在这里，就讲解的内容做个总结。

（1）【能源】能够提供能量的资源。这里的能量通常指热能、电能、光能、风能、化学能、核能等。

（2）【可再生能源】可以循环再生，取之不尽、用之不竭的能源，如太阳能、海洋能、风能等。

（3）【不可再生能源】在自然界中经过亿万年形成，短期内无法恢复，且随着大规模开发利用储量越来越少，总有枯竭的一天的能源，如煤炭、石油等。

（4）【常见的供能物品】木柴、煤炭、石油等。

（5）【新型能源】太阳能、核能、风能、海洋能、氢能等。

（6）【未来发展】新能源产业的开发与应用已经成为各国发展的战略性产业，世界能源格局将会改变。

【名师解惑】　杨文泽老师

问题1：地球上的常规能源有哪些？

问题2：非常规能源主要有哪些？

问题3：新能源是指什么？

问题4：太阳能在生活中的利用形式有哪些？

问题5：风能有哪些利用形式？

1.2 汽车能源特点与发展

【大万问】我知道汽车大多是烧油的，烧油就会排烟，但现在马路上出现了很多没有排气管的汽车。这些车烧什么？难道不需要排气管？

【同学讨论】小周："那是绿牌的新能源汽车，用电的，当然没有排气管。"小李："不对，我看有的绿牌车也有排气管，一样会产生噪声。"汽车噪声如图1-2-1所示。小朱："这我知道，这种车又烧油又用电，但我也不知道为什么用电的车开起来没有声音。"

图 1-2-1　汽车噪声

【叶博士说】这个问题有点意思，大家观察得比较仔细。总体上讲，大家讲得基本正确，但不够完整，我来补充一下。

1. 传统汽车用的是什么能源

目前市场上大多数汽车仍是传统汽车，由发动机驱动行驶，根据发动机加注燃料的不同，汽车可分为汽油车、天然气汽车和柴油车等。那么汽车常用的能源——汽油和柴油是怎么来的呢？

（1）石油是什么

石油是一种黏稠的、深褐色的液体，是地质勘探的主要对象之一，被称为"工业的血液"。大多数地质学家认为石油像煤炭和天然气一样，是古代有机物通过漫长的压缩和加热后逐渐形成的，属于生物沉积变油，不可再生。

直接从油井里开采出来的未经过任何加工提炼的石油叫作原油，如图 1-2-2 所示。

图 1-2-2　开采原油

（2）石油产品有哪些

石油经过加工提炼，可以得到的产品大致可分为四大类：燃料油，如汽油、柴油等；润滑油，如机械油、透平油等；石油化工原料，如聚丙烯、丙烷等；沥青。石油产品的加工与用途如图 1-2-3 所示。

各类石油产品中使用最多的是动力燃料类。从石油中提取的汽油、柴油、煤油等，广泛用于各种类型的汽车、拖拉机、轮船、军舰、坦克、飞机、火箭、火车、推土机、钻机等动力机械设备中，它们消耗的石油产品的量是最大的，约占 90%。

（3）石油工业的发展和问题

石油工业的发展不到 200 年。石油最初主要被人们用于照明，如用作点灯的燃料。1867年，石油在一次能源消费中的比例达到 40.4%，而煤炭所占比例下降到 38.8%，人类正式进入"石油时代"。20 世纪 50—70 年代，中东地区陆续发现重大油田，成为世界石油工业的中心。20 世纪 80 年代，石油出现了供大于求的局面，进入了为期 16 年的低油价时代。但随着各种新兴产业的发展，人类对石油的需求猛增，促使石油的价格"一路高歌"，也使得全球石油地质储量迅速减少。

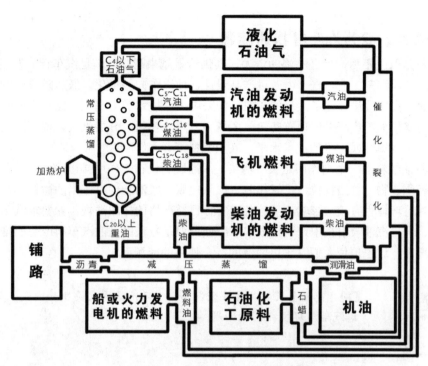

图 1-2-3 石油产品的加工与用途

石油的过度开采和利用也带来了一系列问题。石油是不可再生能源，开采完就没有了。由于前期大规模的开采，目前世界石油储量已大幅减少，如图 1-2-4 所示。

使用通过石油制成的燃油产品后还会产生大量的温室气体和其他有害气体，污染相当严重，如图 1-2-5 所示。同时，由于石油资源的争夺导致局部战争频发，战争地区的人们深受其害。

图 1-2-4 石油储量已大幅减少

图 1-2-5 尾气污染

汽油价格的上涨和燃烧后排放有害气体所造成的环境污染，对世界汽车工业的发展产生了重大影响。一些西方发达国家的民众原习惯使用大排量汽车，但能源危机使得人们开始注意节油。

2. 为什么要为汽车寻找新能源

石油不是取之不尽、用之不竭的资源，其供给量越来越难以满足汽车行业发展的需求。为了节约能源，汽车工业一直努力改进产品设计，使汽车向轻量化、低风阻方向发展。人们对发动机的研究、改进倾注了大量的心血，如采用增压技术和提高压缩比来弥补排量的减小所带来的功率损失，广泛采用顶置凸轮、多气门、汽油喷射、分层供气、稀薄燃烧、电子控制等先进技术，提高发动机的技术水平，减少燃料消耗。

使用石油燃料的一个副作用是大气污染。汽油发动机在工作中排出的碳氢化合物、一氧化碳、氮氧化合物、含铅颗粒、二氧化硫、二氧化碳，柴油发动机排出的微粒，都对人体有损伤，同时对环境也有较大影响。尽管各国实行日益严格的排放法规，如要求汽车安装催化净化装置、采用汽油喷射技术，使排放水平降低，但是数量庞大的汽车所产生的排放物的问题仍然很严重，这也迫使人们寻求更清洁的汽车使用的能源。

【同学感悟】虽然经常乘坐汽车，但只是觉得它快捷和便利，而从未考虑汽车与环境之间的问题。

【叶博士】同学们说得好，让我们来看看大气污染对生态环境的影响是多么的"触目惊心"。

3. 汽车对新能源的探索

（1）电能

① 概念

顾名思义，电能就是利用电来驱动汽车行驶的能量。从理论上讲，使用电驱动的汽车，在行驶过程中无废气排出，不污染环境。目前用电的新能源汽车是理想的交通工具，各个国家都在大力推广和发展，如图1-2-6所示。

图1-2-6　新能源汽车

但电能的产生、电池的电能储存量、充电及转换效率、后期报废等方面，也还存在一些现实问题和技术瓶颈。

【大万问】电动汽车是今天才有的吗？

【叶博士讲】这个我也得查查……真是不查不知道，一查吓一跳！

② 电动汽车发展历史

提到电动汽车，很多人误以为它是近些年诞生的，实际上它已经存在 100 多年了，而且出现得比燃油汽车还早。通过网络搜索可以查看关于世界上早期的电动汽车的资料。按照时间顺序排列出如下世界上早期的电动汽车信息，如图 1-2-7 所示。

1834年，美国科学家发明的电动汽车

1835年，荷兰科学家发明的电动汽车

1881年，欧美科学家发明的可充电汽车

1896年，美国科学家发明的电动汽车

图 1-2-7　世界上早期的电动汽车

资料反映出，早期的电动汽车的商业化程度远高于燃油汽车的。1895 年至 1905 年，电动汽车销量远远超过采用其他动力驱动的汽车，因为当时电动汽车相比其他动力汽车具有非常明显的优势：由于采用电机驱动，故震动较小，没有难闻的废气，也没有汽油机巨大的噪声，并且易于操控。资料显示，1900 年，美国制造的汽车中，电动汽车有 15755 辆，蒸汽汽车有 1684 辆，而燃油汽车只有 936 辆。到 1912 年，电动汽车生产量达到顶峰。

【大万问】既然电动汽车这么好，没有噪声、没有污染，又早出现于燃油汽车这么多年，为什么后来消失了？

【叶博士回答】这个问题问得非常好，这一定事出有因，我们来看一下电动汽车后来的发展。

公路网络的建设要求汽车具备更长的行驶里程。行驶里程不足和充电时间过长，成了电动汽车发展的主要桎梏。同时，大型油田的开采降低了汽油的价格，技术的进步又使得汽油车不再需要人力启动，发动机噪声也大幅降低，电动汽车优势不再，黯然退出了历史舞台。

20 世纪 70 年代之后，由于地球被污染的程度愈加严重，再加上 1973 年和 1978 年爆发的"石油危机"，西方发达国家掀起了一轮开发燃油汽车替代品的热潮。1976 年，美国通过了《电动和混合动力汽车研究开发和示范法案》，用于支持和开发电动汽车和混合动力汽车。美国加州空气资源委员会（California Air Resources Board，CARB）在 1990 年推出了《零排放汽车（ZEV）法案》（后文称 ZEV 法案），规定大型汽车生产厂商每年所销售的汽车产品中，必须有 10%是纯电驱动的汽车。在 ZEV 法案的推动下，美国许多汽车生产厂商都推出了自己的电动汽车。电动汽车再次登上历史舞台。然而在与石油能源巨头和汽车厂商的博弈中，CARB 势单力薄，再则电动汽车续航和充电这两个核心问题并没有被彻底解决，最终放弃了 ZEV 法案，大部分纯电动汽车被召回并销毁，只留下 40 辆捐赠给博物馆及其他组织。2006 年，一部名为《谁杀死了电动汽车》的纪录片详细地介绍了上述这个过程。

③ 电动汽车的今天

电动汽车经历了二次起落，但并不意味着消失。随着能源日益匮乏，气候问题愈加严重，城市交通拥堵不堪，生态环境问题变得愈加严峻，人类不得不寻求新的交通方式。燃油汽车势力尽管很强大，但追求清洁、环保的新能源发展趋势难以阻挡，最终新能源汽车（含电动汽车）重返历史舞台。

技术的发展日新月异，如今的电动汽车技术已日臻完善，虽然在理论和基本结构上仍旧采用蓄电池储电、电动机（后文简称电机）驱动架构，但在电池容量、续航里程、充电时间上有了较大的变化。加之智能网联技术的发展，新能源汽车会比传统燃油汽车率先进入智能网联时代。

进入 2007 年，我国对新能源汽车的发展给予了很多政策上的支持和鼓励，使得新能源汽车及相关技术有了较快的突破。尤其是 2018 年以来，纯电动汽车主要技术指标，如电池储量、安全性、续航里程和充电时间及频次都达到或部分超过世界先进水平，国产电动汽车代表如图 1-2-8 所示。

　　　比亚迪唐　　　　　　　　　小鹏 P7　　　　　　　　　蔚来 ES8

图 1-2-8　国产电动汽车代表

（2）其他新能源

如氢能、太阳能和核能。

【叶博士总结】氢能、太阳能与核能在前文已做简单讲解。这 3 种能源应用在汽车方面的基本情况如下。

氢能是目前除电能之外最有发展前途的新能源，其技术相对成熟，丰田公司在 2018 年推出了基本商业化的氢燃料乘用车。我国对氢燃料电池汽车的研究也已开展多年，多款样车已在局部区域内试运行。该类汽车目前主要存在使用安全和氢燃料补充成本方面的问题。

太阳能的发展也较为迅速，作为汽车动力能源，由于其恒定充电量不足，加之太阳能板的转换效率有限，难以独立支持车辆的长距离驾驶。太阳能在现阶段主要起到电力补充的作用。

核能由于其转换效率极高的特性，从理论上讲，其在未来替代其他新能源的可能性最大。2009 年，美国通用汽车公司旗下凯迪拉克推出用"钍"发电的核能概念车，如图 1-2-9 所示。这是一款利用核燃料"钍"提供电力的核能汽车，只需要 8kg 的"钍"就足以让一辆车行驶155 万千米，相当于 22 万升汽油的续航能力。并且，这种车完全不会产生废气。但遗憾的是，因技术和工艺尚未成熟，核能汽车至今仍停留在概念车的阶段。

图 1-2-9　凯迪拉克核能概念车

（3）势能

由于地球的引力，任何物体在空中都会落下，在过程中，会产生一定的能量。物理学中称其为"势能"，如图 1-2-10（a）所示，图中 $A \rightarrow B \rightarrow C$ 线路为物体自然落下线路，$C \rightarrow D$ 线路由物体在 $A \rightarrow C$ 阶段所产生的能量（也称惯性）所致。当物体运动到 D 点时，能量基本消失，但如果用一个微小的动力 F 推动一下，使得物体又回到 A 点，则物体又可以进入下一次循环运动中，如图 1-2-10（b）所示。

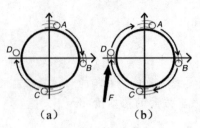

图 1-2-10　势能

从理论上讲，在势能作用下可以通过微小的动力，驱动物体进行循环往复的运动。打桩机就是势能应用的典型案例，如图 1-2-11 所示。目前，科学家和汽车工程师也在研发基于势能的新能源汽车。

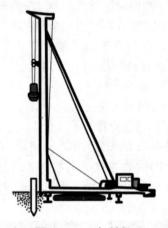

图 1-2-11　打桩机

本节叶博士带我们认识了汽车使用的传统能源，以及汽车在使用新型能源上的探索和尝试。小助手在这里对本节主要内容做个总结。

（1）【石油产品】石油经过加工提炼，可以得到的产品大致可分为四大类：燃料油、润滑油、石油化工原料和沥青。传统汽车所用的多为从石油中提炼的汽油、柴油等燃料油。

（2）【电动汽车发展史】电动汽车很早就已经出现了，由于续航和电池问题，始终没有普及，但因石油储量减少和环境污染及电动汽车自身技术的发展，最终得到逐步推广。

（3）【汽车新能源】氢能、核能的探索和研究也在进行中。

（4）【势能】由于地球的引力，任何物体在空中都会落下，在过程中，会产生一定的能量。

【名师解惑】　杨文泽老师

问题 1：石油化工产品有哪些？

问题 2：新能源汽车的优点有哪些？

问题 3：汽车未来的发展方向有哪些？

问题 4：燃油汽车为什么会对环境会造成污染？

问题 5：新能源汽车主要包括哪几种类型？

模块 2
走近新能源汽车

2.1 新能源汽车发展史

【大万问】听说电动汽车在很早以前就出现了，甚至比燃油汽车出现得还早，但为什么没有像燃油汽车那样普及？

【同学讨论】小李："我也听说在很早之前电力普及的时候，就有纯电动汽车出现了！"小周："但我听说新能源汽车是这几年才出现的。"小朱："这到底是怎么回事呢？"

【叶博士解答】电动汽车出现的时间确实比燃油汽车的早，在前文已经简单地做了介绍。在本模块中，我给大家详细地讲解。

1. 新能源汽车定义

历史上很多科学家和汽车工程师对车用新能源及其应用进行了探索和研究，并且发明了很多种电气部件，并基于这些部件研发出了使用传统燃油以外的新能源的汽车，如空气动力汽车、甲醇燃料汽车、氢燃料电池汽车、核能汽车等。

在我国，新能源汽车有两种定义：一是广义上讲的，凡使用除汽油或柴油之外的能源部分或全部作为驱动动力的汽车均可称为新能源汽车；二是符合相关规定［详情见《中国新能源汽车国家标准整理（2022 版)》]，并可以上绿色牌照的汽车称为新能源汽车。

【小助手提示】这两种定义非常重要，同学们要切记。

2. 早期发明

电动汽车，首先需要电。

（1）电的出现

严格地讲，电在自然界本来就存在，不是被发明的，而是被发现的。1732 年，美国科学家富兰克林经过多次实验，认为电是一种没有质量的流体，存在于所有物体中。当物体得到比正常分量多的电，就称为带正电；若少于正常分量，就被称为带负电。所谓"放电"，就是正电流向负电的过程。这个理论虽然不够完全正确，但是正电、负电两种概念被保留至今。

基于这个基础理论，美国发明家爱迪生和英国科学家约瑟夫·斯旺在 1878 年左右在各自国家发明了白炽灯，从此打开了人类对电的认识和使用的大门，如图 2-1-1 所示。

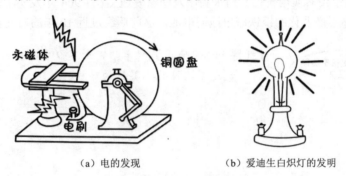

（a）电的发现　　　　　（b）爱迪生白炽灯的发明

图 2-1-1　电的发现和应用

（2）电池的发明

【叶博士介绍】电池相当于"装"电的容器，如图 2-1-2 所示。前文说到，电虽然无处不在，却是无形的。如何将无形的电"装"到容器中，在当时的技术和认知条件下，可不是一件容易的事情。

图 2-1-2　装"电"的容器

1799 年，意大利物理学家伏打（见图 2-1-3）把一块锌板和一块锡板浸在盐水里，发现连接两块金属板的导线中有电流通过。于是，他在许多锌板与锡板之间垫上浸透盐水的绒布，并将其平叠起来（见图 2-1-4），用手触摸两端时，会感受到强烈的电流刺激。

图 2-1-3　意大利物理学家伏打

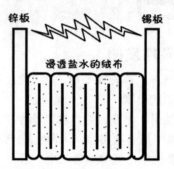

图 2-1-4　电池的发明

伏打发明了电池，也揭示了电池的基本原理，但后来因铅电池容量太小，且不能够充电以重复使用，故几乎没有实用价值。后来美国发明家爱迪生在 1904 年发明了镍铁碱电池，并在 1909 年正式宣布了商业化的镍铁碱电池蓄电池，这前后经过近 10 年的研究和试验。

【叶博士感慨地说】科学研究者不仅要有技术，更要有一种精神，就是不达目的不罢休的精神。

（3）电机

有了电和"容器"，那么怎样才能让汽车跑起来？

由物理学知识可以知道，电动汽车通过电机将电能转换为动能，再转换成机械能进而驱动车辆。因此这里的关键是电机。

电机的发明更为复杂和曲折。1820 年 4 月，丹麦物理学家、化学家奥斯特和他的助手用 20 个"伏打电堆"给导线通电，得出实验结果：电流的确能产生磁场——连玻璃、木材、水、树脂和石头等，也不能阻挡这个磁场吸引小磁针。这就是著名的"电流的磁效应"，这一现象简称"电生磁"。

【叶博士说】这只是磁场，还远远不能称为电机。

1821 年 9 月，英国物理学家、化学家法拉第在奥斯特"电生磁"实验的基础上，制造出了人类历史上第一台最原始的电机雏形——一种在水银杯中未固定的磁铁围绕固定通电导线连续旋转的装置，如图 2-1-5 所示。未固定的磁铁绕竖直方向的固定通电导线在水银杯中连续旋转，未固定的通电导线绕竖直方向的固定磁铁连续旋转。

但是，这样的电机结构与汽车的驱动仍有很大的距离。到了 1828 年，物理学家阿尼斯·杰德里克发明了世界上第一台具有实用价值的直流电机。这台包含 3 个主要组成部分（定子、转子和换向器）的直流电机，虽然在当时仅用于教学演示，但为之后的电机实用化发展奠定了基础。该电机后被存放在布达佩斯应用艺术博物馆，直到现在仍能运转，如图 2-1-6 所示。

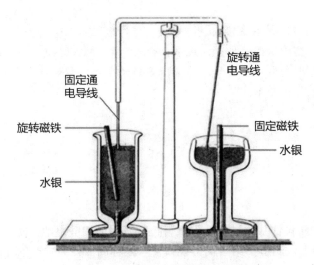

图 2-1-5　法拉第的原始电机雏形

图 2-1-6　世界上第一台直流电机

上述这两种"电机"都基于"电生磁"的基本原理而发明，之后，许多物理学家一直在思考：既然电能生磁，那么磁能不能生电呢？

1831 年 10 月，法拉第首先制成了磁生电的装置——一个由圆筒形线圈和磁棒组成的原始发电机，即法拉第圆盘发电机，如图 2-1-7 所示。这台发电机至今还作为英国皇家学会的珍贵科学文物向公众展出。

在此后，越来越多的科学家投身于相关技术的研究。

➢　1870 年，比利时工程师格拉姆发明了直流发电机，这一发明直接促进了电机的发展。

➢　1879 年，西门子公司研发出基于上述设备的电动汽车并将其在柏林工业展览会上展出，赢得好评。

➢　1888 年，发明家尼古拉·特斯拉根据电磁感应原理设计和发明了交流电机，又称感应电机，如图 2-1-8 所示。

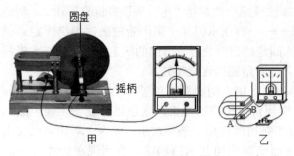

图 2-1-7　法拉第圆盘发电机

图 2-1-8　感应电机

【叶博士感慨】科学从来没有捷径可走，我们现在所享受的一切，都是无数前辈刻苦钻研的成果。今天，用于电动汽车的电机已经有很多型号。同学们要珍惜美好的今天，学好技术为社会发展作出贡献。

3. 国外新能源汽车发展史

（1）早期的电动汽车

1884 年，英国发明家托马斯·帕克重新设计并改进了法国人普拉特发明的铅酸电池，使其容量更大，可以重复充电。他在此基础上，制造了第一辆可规模化（亦称商业化）生产的电动汽车，如图 2-1-9 所示。

19 世纪末到 20 世纪初，是电动汽车的"黄金时期"，法国和英国都出现了电动汽车制造公司，图 2-1-10 所示为 1882 年维尔纳·冯·西门子制造的无轨电车。

图 2-1-9　最早商业化的电动汽车

图 2-1-10　西门子制造的无轨电车

1888 年，德国工程师安德烈制造了德国第一辆电动客车，如图 2-1-11 所示。

在 1890 年后的十几年间，人们对电动汽车的关注和热爱到达了顶峰，电动出租车也在 19 世纪末问世，如图 2-1-12 所示。从 20 世纪 20 年代开始，由于电动汽车生产成本高，续航不足，充电等性能不够理想，加之高速公路快速发展及石油产品的大量使用，导致电动汽车的发展进入了瓶颈期，并很快被燃油汽车所取代。

图 2-1-11 德国第一辆电动客车

图 2-1-12 世界上最早的电动出租车

（2）早期混合动力汽车

1900 年的巴黎世界博览会上，一辆充满"灵感"的轿车大出风头，受到媒体广泛关注，这就是"罗尼尔-保时捷"，它是世界上最早的混合动力汽车。当时，该车售价高达 15000 奥匈帝国克朗，约 10500 德国马克。该车虽然很新颖，但同期最贵的 5.97kW（8hp）奔驰 VELO 的售价才 5200 德国马克。混合动力汽车如此高昂的价格使大众望而却步。

（3）近代新能源汽车

20 世纪 60 年代后期，出于对能源供需和环境污染问题的前瞻性重视，日本成立了电动汽车协会以促进电动汽车事业的发展。随着能源紧缺问题不断加剧，到 21 世纪，美国加州的硅谷"钢铁侠"埃隆·马斯克（Elon Musk）也进入电动汽车的领域。2004 年特斯拉汽车（Tesla Motors）公司开始研发特斯拉电动汽车，并使用松下公司研发的锂电池，如图 2-1-13 所示。

图 2-1-13 特斯拉电动汽车

我知道马斯克，他是一个"科技大侠"。

【叶博士讲到这里，大万兴奋地说】我知道马斯克，他是一个"科技大侠"，1971 年 6 月 28 日出生于南非的比勒陀利亚（现名为茨瓦内）。

到了 21 世纪初，随着石油价格的飙升，新能源汽车逐渐受到消费者的青睐。不少知名车企纷纷推出了各自品牌的新能源汽车，如图 2-1-14、图 2-1-15 所示。

图 2-1-14　本田雅阁新能源汽车

图 2-1-15　丰田普锐斯

4. 我国新能源汽车发展史

我国新能源汽车产业规模化开始于 21 世纪初。早期，在一些高校也曾有类似电动汽车的研究。2001 年，我国正式将新能源汽车研究项目列入"十五"计划和"863 重大科技课题"工程，投入大量资金，规划纯电动汽车、插电式混合动力（含增程式）汽车、燃料电池汽车 3 条技术路线（简称"三纵"）和以动力电池与管理系统、驱动电机与电力电子、网联化与智能化技术（简称"三横"）的新能源汽车研发战略。

在此之后，国家陆续出台了一系列鼓励新能源汽车发展的政策文件。

➢　2004 年，颁布的《汽车产业发展政策》中明确提出鼓励发展节能环保型电动汽车和混合动力汽车技术。

➢　2012 年，印发《节能与新能源汽车产业发展规划（2012—2020 年）》，并首先在北京、上海和杭州 3 座城市进行试点。

➢　2013 年，印发《关于继续开展新能源汽车推广应用工作的通知》，开始对新能源汽车实行补贴。

从 2008 年我国"新能源汽车元年"开始，新能源乘用车销售量年平均增长超过两位数。2020 年，新能源汽车销售量达 136.7 万辆。2015—2022 年我国新能源汽车销售数据如图 2-1-16 所示。

新能源汽车技术研发近年来有了较大发展。在国家相关政策的支持下，从 2014 年开始，我国逐渐成为全球增速最快的新能源汽车市场，许多优秀的新能源车企也纷纷涌现，销量增速多次超过 50%。

比亚迪在 2006 年推出了第一款搭载磷酸铁锂电池的 F3e 电动轿车，获得成功，后续又陆续推出了 e6、K9、比亚迪汉（见图 2-1-17）等纯电动及混合动力汽车，取得了不凡的市场业绩。比亚迪在 2021 年度取得世界新能源汽车销量排名第二的好成绩。

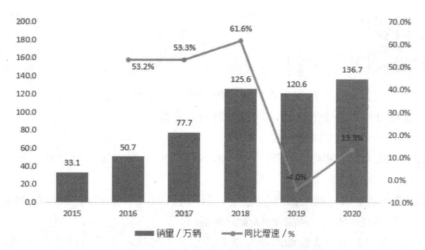

图 2-1-16 2015—2020 年我国新能源汽车销售数据

奇瑞瑞虎 8 PLUS 混合动力汽车（见图 2-1-18），于 2022 年初上市，油耗 6.4L/100km。作为中型 SUV，它无论是空间还是性能，均接近一线汽车的水平。

图 2-1-17 比亚迪汉新能源汽车

图 2-1-18 奇瑞瑞虎 8 PLUS 混合动力汽车

2017 年 12 月，蔚来 ES8 上市，如图 2-1-19 所示。这款车综合续航里程为 580km，百千米加速时间为 4.37s。

2020 年 4 月，小鹏 P7 上市，如图 2-1-20 所示。该车续航里程为 706km，百千米加速时间为 4.3s。

图 2-1-19 蔚来 ES8

图 2-1-20 小鹏 P7

从叶博士为我们介绍的情况来看，我国的新能源汽车经过近10年的发展，无论是技术、整车销售还是在全球市场上的占比，均位于前列，让国人倍感自豪！

下面总结这一节所讲的主要内容。

（1）【发展背景】早期电动汽车的发明和发展依赖于科学家对电池和电机等的发明和发现。

（2）【国外发展】国外新能源汽车起步早，道路坎坷，几起几落，最终在2000年之后随着能源危机以及环保要求的提高才得以全面发展。

（3）【国内发展】国内新能源汽车发展起步虽相对较晚，但随着国家政策的支持、科学家和工程师的努力，中国新能源汽车整体发展已经走在了世界前列。

【名师解惑】　杨文泽老师

问题1：人们所使用的电都是怎么来的？

问题2：发电有哪些方式？

问题3：为什么现在的电动汽车称为新能源汽车？

问题4：新能源汽车关键零部件有哪些？

问题5：常见的3种新能源汽车各有何优缺点？

2.2　认识新能源汽车

【大万问】早就知道绿色牌照（后文简称绿牌）的汽车是新能源汽车，但我常常看到有的车尾部也有排气管，并且看起来和蓝色牌照（后文简称蓝牌）的汽车没什么区别，为什么它们也上绿牌？到底哪些车能上绿牌？

【同学讨论】小李："那一定是混合动力汽车，这种车也能上绿牌！"小周："不对！我大舅上个月就买了一辆混合动力汽车，但销售员说，这种混合动力汽车不能上绿牌，只能上蓝牌。这是为什么？"

【叶博士评述】大家提出的这些问题很有意思，说明你们观察得很仔细。下面我就给大家说说新能源汽车和绿牌的关系。

1. 概念

首先大家要了解新能源汽车的概念。

2022 年 4 月 7 日，据公安部统计，截至 2022 年 3 月底，全国新能源汽车保有量达 891.5 万辆，占汽车总量的 2.90% 左右，与上年同期相比增加约 64.4 万辆，增长约 138.20%。可以看出，虽然增长率很高，但目前市场上大多数车辆仍然以燃油（指由石油提炼出来的汽油或柴油）作为主要动力燃料。除此之外的能源，原则上都称为"新能源"。虽然新能源有很多种，如太阳能、氢能、风能等，如图 2-2-1 所示，但目前市场上主要的新能源汽车均指在技术和安全性方面都比较成熟的电动汽车。

图 2-2-1　各种新能源

2. 纯电动汽车

纯电动汽车是指采用电能为唯一动力源行驶的车辆，其原理是通过为电机提供电能使其运转，并通过相应的传动机构驱动车辆行驶，如图 2-2-2 所示。纯电动汽车没有任何尾气排放，即零排放和零污染，因此国家大力提倡和推广使用纯电动汽车。

图 2-2-2　纯电动汽车

3. 混合动力汽车

虽然国家大力推广纯电动汽车，但由于材料和技术的限制，目前纯电动汽车还存在着许多问题：电池体积大但容量偏小，导致续航里程不足，即纯电动汽车充满电后行驶的里程与燃油车加满一箱油所行驶的里程相比较短（2020 年之后生产的纯电动汽车续航里程已接近燃油汽车的）；充电不方便、充电时间偏长（充电站数量不足，且充电时间在 30min 以上）等，如图 2-2-3 所示。由于这些问题在短期内较难得到根本的解决，从而促使了混合动力汽车的出现。

（a）电池体积大　　　　　　　（b）续航里程短　　　　　　　（c）充电问题

图 2-2-3　新能源汽车存在的不足

混合动力汽车，顾名思义就是既使用燃油又使用电力作为动力源的汽车。混合动力汽车具备低能耗（省油）、和传统燃油汽车相同续航里程、加油方便等特点，而且有在一定里程内以纯电模式无污染行驶的特点，在市场上很受欢迎。

4.　新能源汽车牌照

刚才大万和同学们问到什么样的车才可以上绿牌，其实在我国，小客车如果能够上绿牌就代表这款车是新能源汽车。根据国家相关政策规定，购买新能源汽车，可以享受新能源汽车补贴（全国各省市补贴政策不完全相同）、免车辆购置税（这是一笔比较大的费用）、免车船税等优惠政策，新能源汽车在有些区域还可以免停车费。两种新能源汽车牌照如图 2-2-4 所示。

图 2-2-4　两种新能源汽车牌照

同学们请注意：图中的两块牌照，只有第三位字母不相同，其中"D"表示纯电动汽车，而"F"表示混合动力汽车，其他位数所表示的内容与燃油汽车牌照（蓝牌）的相同。

5.　哪种混合动力汽车可以上绿牌

刚才小周同学说的是正确的。确实存在一些车属于混合动力汽车但不能上绿牌的情况。具体来说，插电式混合动力汽车（Plug-in Hybrid Electrical Vehicle，PHEV）可以上绿牌，而油电混合动力汽车（Hybrid Electrical Vehicle，HEV）不可以上绿牌。

那么什么是插电式混合动力汽车，什么是油电混合动力汽车呢？它们各有什么特点？两者有何区别？简单说明如下。

➤　插电式混合动力汽车可以通过外部电源对车内的电池进行充电。这种模式的优点在于：在城市短途行驶（如上、下班）过程中可以采用纯电模式行驶，无任何排放，且可以利用晚间进行充电；在长途行驶过程中电池容量不足时，可以采用发动机动力模式行驶。但插电式混合动力汽车也有缺点：由于纯电模式行驶距离不能过短，因此电池的体积会比较大；采用外部充电，不仅增加了装置质量，也提高了成本。

➢ 油电混合动力汽车没有外部充电口。其优点在于：在较短距离内，可以采用纯电模式行驶，无排放；省油，每百千米耗油量可低于燃油汽车耗油量 40% 以上；无外部充电装置，成本较插电式混合动力汽车低。它的缺点有：纯电模式行驶距离较短；不能享受新能源汽车补贴和优惠政策。

【大万紧接着问】那么，如何识别车辆是插电式混合动力汽车还是油电混合动力汽车呢？

识别方法 1：汽车尾部标志。

汽车尾部有"PHEV"标志的为插电式混合动力汽车，如图 2-2-5 所示。汽车尾部有"HEV"标志或"HYBRID"标志的汽车均为油电混合动力汽车，如图 2-2-6 所示。

图 2-2-5　插电式混合动力汽车

图 2-2-6　油电混合动力汽车

识别方法 2：充电口。

如果全车只有加油口，而没有充电口，则为油电混合动力汽车。如果既有加油口，又有充电口（通常是慢充口），则是插电式混合动力汽车，如图 2-2-7 所示。

所以，小周同学所说的不能上绿牌的混合动力汽车一定是油电混合动力汽车。这种混合动力汽车按照国家规定是不能上绿牌的。

图 2-2-7　充电口

【大万问】老师，无论是在行驶中还是停在停车位上的汽车，油箱（充电口）盖都是打不开的，怎么知道这是加油口还是充电口呢？

有两个口的车就一定是插电式混合动力汽车，只有一个口的车就只能是油电混合动力汽车了。

6．典型新能源汽车车型

（1）比亚迪系列

➢ 纯电动汽车：比亚迪唐新能源 2021 款 EV 纯电动汽车（电机 245 马力，续航里程为 505km，快充 0.5h，充电率 80%），如图 2-2-8（a）所示。

➢ 油电混合动力汽车：唐新能源 2021 款 DM 2.0T 混合动力汽车（2.0T L4 涡轮增压发动机，电机 245 马力，发动机发电驱动模式下续航里程为 80km，综合油耗 1.8L/100km，无快充口和慢充口），如图 2-2-8（b）所示。

（a）唐新能源 2021 款 EV 纯电动汽车　　（b）唐新能源 2021 款 DM 2.0T 混合动力汽车

图 2-2-8　比亚迪系列纯电动汽车和油电混合动力汽车

请同学们注意，上述车型中：

① 比亚迪唐纯电动汽车的续航里程已经达到了 505km，这已经和燃油汽车使用一箱油行驶的里程基本相同了。

② 该纯电动汽车没有慢充口，快充 0.5h，充电率达 80%（一般纯电动汽车都有慢充口）。

③ 混合动力汽车没有充电口，就意味着这是油电混合动力汽车，在纯电动模式下续航里程为 80km，这说明在使用发动机动力行驶的同时可以给电池充电。

此外，油电混合动力汽车的百千米油耗仅为 1.8L，这是一个非常低的油耗量。在何种路况下行驶且这在技术上是如何实现的呢？这需要同学们在以后的课程中认真学习！

（2）奇瑞系列

➢ 纯电动汽车：大蚂蚁 2022 款 智享舱 （电机 204 马力，快充 0.5h，慢充 13h），如图 2-2-9（a）所示。

➢ 插电式混合动力汽车：瑞虎 8 PLUS 2022 款 鲲鹏版 390TGDI DCT 四驱豪耀版（2.0TL4 发动机，电机 254 马力，纯电续航里程为 100km，综合油耗 1L/100km），如图 2-2-9（b）所示。

（a）大蚂蚁 2022 款 智享舱　　　（b）瑞虎 8 PLUS 2022 款 鲲鹏版 390TGDI DCT 四驱豪耀版

图 2-2-9　奇瑞系列纯电动汽车和插电式混合动力汽车

请同学们注意，上述车型中：
① 纯电动汽车，既有快充口，又有慢充口（通常配置）。
② 混合动力汽车为插电式混合动力汽车，既有发动机，也有驱动电机，且一般配置慢充口，但其在纯电模式下行驶距离较短。

【大万问】老师，这是什么牌照？这也是新能源汽车的牌照吗？如图 2-2-10 所示。

图 2-2-10　新绿牌

【叶博士惊诧道】大万不简单，这个问题你都能发现！我也是刚刚才了解到的。

依据公安部 2018 年颁发的《中华人民共和国机动车号牌》（GA 36—2018），D、A、B、C、E 均代表新能源汽车；F、G、H、J、K 均代表非新能源汽车，也就是混合动力汽车。因此，上图中车辆为混合动力汽车，沪 A.GE×××牌照的发放，表示在上海混合动力的沪 A.F 牌照号段已用完。按照新规：

➢ 纯电动汽车牌照有 D、A、B、C、E，优先启用 D，待 D 号段用完方可按照 A、B、C、E 顺序启用。

➢ 非纯电新能源汽车牌照（插电式混合动力汽车牌照）有 F、G、H、J、K，但是优先启用 F，待 F 号段用完方可按照 G、H、J、K 顺序启用。

本节中，同学们积极讨论和提问，叶博士则深入浅出地解答了同学们的疑惑。以下就本节内容做一下总结。

（1）【定义】新能源汽车指以除汽油、柴油之外的其他能源为动力源的车辆。

（2）【分类】市场上新能源汽车主要有纯电动汽车和混合动力汽车两个系列。

（3）【上牌】新能源汽车标志为绿色牌照。其中第三位"D"表示纯电动汽车，"F"表示混合动力汽车。需要注意 2021 年之后的新规。

（4）【混动】并不是所有混合动力汽车都可以上绿牌，只有插电式混合动力汽车可以上绿牌。

（5）【识别】识别插电式和油电混合动力汽车需注意：车尾标志分别为"PHEV"（插电式混合动力汽车）和"HEV/HYBRID"（油电混合动力汽车）；有"PHEV"标志的车一定有充电口，即插电式混合动力汽车；而有"HEV"或"HYBRID"标志的车一定没有充电口，即油电混合动力汽车。

【名师解惑】 杨猛老师

问题 1：为什么要发展新能源汽车？

问题 2：能源的含义是什么？

问题 3：有太阳能汽车吗？

问题 4：有氢燃料电池汽车吗？

问题 5：电动汽车是国几标准的？

2.3 发展新能源汽车的好处

【大万问】上次跟着老舅，他开着他的纯电动汽车去了外地，行驶距离不到 400km，当电量还有 20% 时，就提示要充电。后来到服务区充电了一个多小时才开到目的地。这和燃油汽车加油相比，时间太长了。新能源汽车充电这么慢，为什么还要大力普及新能源汽车呢？发展新能源汽车到底有什么好处？

【同学讨论】小周："可能是使用新能源汽车的成本比较低。"小李："也有可能是因为新能源汽车不限号吧!"小朱："限号是规定,并不是新能源汽车的优势。"

【叶博士解答】通过前文的学习,同学们看待问题的方式和分析问题的能力都有了很大的改变和提高。相对而言,新能源汽车在现阶段还存在一些不足和问题,但为什么国家还在大力地推广?原因是什么?

1. 石油价格

我们先来看一组数据:

2000 年,世界原油价格为 28.23 美元/桶,国内汽油价格为 2.47 元/升。

2010 年,世界原油价格为 77.01 美元/桶,国内汽油价格为 6.82 元/升。

2012 年 3 月 20 日,世界原油价格为 112 美元/桶,同期国内汽油价格最高达 8.33 元/升(各个区域略有差异)。

12 年时间,国内汽油价格上涨约 3.37 倍。

【大万问】油价上涨除了让我们的出行成本增加外还有什么影响?

【叶博士讲】大万这个问题问得好,我们来看一下。

假设有一辆载货 30 吨的卡车,从海口运输货物到哈尔滨,距离约为 3888 千米,如图 2-3-1 所示。

按照载货 30 吨的货运卡车每百千米 32 升的满载油耗计算,行驶全程需要 1244L 柴油。2002 年 0 号柴油约 2 元/升;2022 年约 8.5 元/升。二者相差 6.5 元/升。则 20 年间,上述货运价格在燃油费用上的差额为:1244 升×8.5 元−1244 升×2 元=8086 元,增长约 308%。

图 2-3-1　载货 30 吨的货运卡车

【叶博士继续讲】抛开其他费用，仅燃油费用就增长 8086 元，这笔费用一定会摊到货物的销售价格上。大家可想而知，油价的上涨与我们的消费会有哪些关系！

同学们思考一下：上述情况如果放在全国的物流费用上进行核算，若油价每增加 0.1 元，则货物运输价格会发生多大变化？

【大万及同学】怪不得，原来油价和物价的关系这么紧密！

2. 石油资源和需求

（1）资源

地球上到底有多少石油？要解答这个问题，首先要对地球地形和地貌有基本的了解。

2019 年 12 月，美国《油气杂志》（*Oil & Gas Journal*）发布信息，2019 年全世界各国已探明石油可采储量的数据为 2305.8 亿吨。

（2）需求

从上述数据可以看出，至少在目前，石油够人类开采数十年。那么全世界目前对石油的需求是多少？

据艾媒数据中心报道，2019 年世界石油需求量总计为 36.792 亿桶，平均 100.8 万桶/天。

【同学们】哇！这么多呀！

【大万接着问】全世界的石油需求量统计有了，那么我国的石油需求量是多少？这里面有多少是自产可满足的？有多少需要进口？

【叶博士讲】大万考虑问题已经越来越全面了。我们接着往下看。

① 石油年消费量

2023 年 1—3 月，全国成品油消费量约 8464 万吨，同比增长 6.5%。

② 石油储量

从 2015—2021 年中国石油储量整体稳定，2021 年达到近年最高，为 36.89 亿吨。2015—2021 年中国石油储量情况如图 2-3-2 所示。

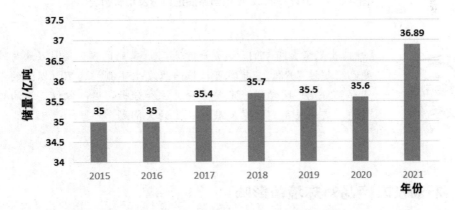

图 2-3-2　2015—2021 年中国石油储量情况

按照上述石油储量，如果消费全部由国内自产供应，即使不考虑开采时间，按照 2019 年的石油消耗量，我国的石油保有量仅仅只够使用约 5 年。这多可怕呀！

③ 石油进口

国家统计局数据显示，2021 年我国原油的进口量小幅下降，降至 51298 万吨，同比下降 5.4%。2022 年中国原油进口量 50828 万吨，同比下降 0.9%。2017—2022 年中国原油进口量及增长情况如图 2-3-3 所示。

图 2-3-3　2017—2022 年中国原油进口量及增长情况

【叶博士思考】同学们，这是一个非常严肃的问题！我国石油对外依存度已经超过 70%，这非常可怕！一旦发生不测，这 70% 以上的石油将从哪里补充？同学们一定要学会关注和分析。这不仅仅是石油短缺的问题，更是关系到国家发展和民生的大问题。

3．石油及其产品对环境的影响

众所周知，石油最初以原油的形式出现。从原油炼制到最后的产品应用，每一个环节都存在对环境的污染。前文介绍了原油的提炼过程以及对环境的污染，本节着重从汽车使用的角度来分析。

无论是汽油车还是柴油车，都是依靠燃油的燃烧，将热能转变为动能，再转变为机械能，进而驱动车辆行驶。燃油在燃烧的过程中，会从排气管排出大量的废气。废气中含有 150～

200 种不同的化合物，其中对人危害最大的有一氧化碳等。

每天，在全世界，数十亿辆汽车行驶时排放的尾气给地球和人类带来了什么？

（1）环境

汽车尾气中含有一氧化碳、氮氧化合物、碳氢化合物等有害气体和多以颗粒形式呈现的物质。这些大量有害颗粒飘浮到空中，会造成以下危害。

① 空气污染

人类赖以生存的空气本来由约 78% 的氮气、约 21% 的氧气、约 0.94% 的稀有气体、约 0.03% 的二氧化碳、约 0.03% 的其他气体和杂质共同组成，密度约为 1.293g/L。当汽车尾气、工业废气等有害物质达到一定量的时候，这个比例就会发生变化，甚至会产生烟雾。

【小助手提供案例】

1952 年 12 月 4 日至 9 日，伦敦上空空气受高压影响，大量工厂排放的和居民燃煤取暖排出的废气难以扩散，积聚在城市上空。伦敦被"大雾"所笼罩，如图 2-3-4 所示。马路上几乎没有车，人们小心翼翼地沿着人行道摸索前进。60 多年后，如此多的汽车，如果不采取措施，人类还能自由呼吸这大自然的空气吗？

图 2-3-4 1952 年伦敦"大雾"

汽车尾气以颗粒的形式飘浮在空气中，降雨时这些颗粒伴随雨水滴落到地面形成酸雨。酸雨会导致植物枯萎、建筑物和古迹受到腐蚀，还会导致江、河、湖泊等逐渐酸化，使浮游生物死亡；还会导致土壤中营养物质不断溶出，使树木生长缓慢、树枝枯黄，甚至死亡。

② 温室效应

汽车尾气中大量的二氧化碳，增强了温室效应，使地球温度上升，导致全球气候变暖，影响地球生态平衡，如图 2-3-5 所示。

（2）人类健康

汽车尾气不仅造成了生态污染，给人类的健康也带来了危害。空气中一氧化碳、氮氧化合物等有害物质，会被人类所吸收（尤其是城市居民）。这些有害物质进入人体，轻则使人头晕、头痛、失眠等，如图 2-3-6 所示；重则使人出现恶心、腹泻、便秘、贫血等症状，长此以往还会造成骨骼的钙化。

图 2-3-5　融化的冰川

图 2-3-6　头晕现象

（3）废旧汽车所带来的生态影响

根据国家交管部门相关规定，营运车辆根据车型不同，其使用年限为 8~15 年。非营运车辆一般没有强制报废时间。相关资料显示，仅 2022 年，我国报废汽车达到 250 万辆。图 2-3-7 所示为 2016—2022 年全国报废汽车数据。

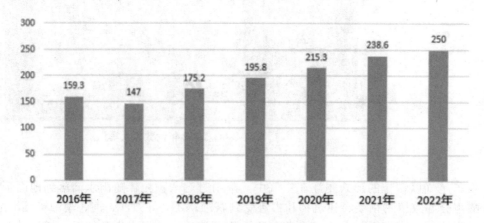

图 2-3-7　2016—2022 年全国报废汽车数据（单位：万辆）

一辆轿车使用几十种材料、上万个零部件。虽然车辆已经报废，不能在路上行驶，但零部件仍旧以物质的形式存在，其中不乏一些有害物质，如铅等。这些物质和塑料（汽车零部件降解远比塑料降解更难，所花时间更长）一样，也是影响生态环境的重要因素。

4. 发展新能源汽车的意义

【叶博士讲解】发展新能源汽车的意义主要体现在 3 个方面：生态价值、社会价值、经济价值。

（1）生态价值：石油作为主要燃料，其不可再生问题、污染问题，已经到了非解决不可的地步！这关乎全人类的生存和发展！

（2）社会价值：从 19 世纪工业化时代开始，人类就以提高生产效率、增长经济效益为主要目标。经过近 200 年工业的发展、科学的进步，人类的生活发生了极大的变化。但是这一切都是为了什么？科技让我们获得了很多，但工业化又让我们失去了很多。绿色、健康、舒适才是未来人类社会能够长远发展的目标。这是最大的社会价值！

（3）经济价值：汽车产业不是单一产业，从原材料开始，其上下游涉及上千种产业和服务。

【大万问】如果燃油汽车禁售，会形成哪些新的产业链呢？

当燃油汽车被限制或禁售的时候，作为替代品的新能源汽车（不仅仅指电动汽车）就会逐渐催生出新的产业链，这条产业链也一定涉及汽车产业上下游大量的配套产品和服务。其经济价值不可估量！

5. 新能源汽车发展优势

长久以来，科技的发展都与经济发展和市场的需求紧密相关。就电动汽车的发展历史来看，几次的"夭折"，不仅仅是因为其技术性能远不如燃油汽车，更重要的是没有"市场"。简单地讲，就是当时的生态环境污染远没有现在这样严重。

当前，"环境极其重要"已经成为世界各国的共识。新能源汽车将逐渐成为主流。在这种背景下，新能源汽车技术如电控技术、电池技术、电机技术都不同程度地得到了快速的发展和提高。

长期以来，我国的汽车工业一直落后于西方发达国家，毕竟相对国外老牌车企上百年的历史而言，我国企业无论是在材料、工艺和技术方面都与之有较大的差距。但在新能源汽车发展方面，对全世界而言，大家的起跑线基本一致，这就为中国在这个领域中，与西方发达国家进行平等竞争提供了机会。

 【叶博士讲解】下面就近年来新能源汽车发展领域中发生的一些具有较大影响的事件进行介绍。

成立于 2003 年 7 月的特斯拉公司在 2004 年 2 月由马斯克接手，经过长达近 9 年的磨砺，终于在 2012 年推出特斯拉 Model S 电动汽车，如图 2-3-8 所示。特斯拉纯电动汽车不仅仅具有优越的外形、动力、豪华性等特点，更是率先将软件和网络连接在一起。特斯拉成为之后科技公司也可以造车的典范。

丰田公司很早就开展了基于氢燃料的新能源汽车（见图 2-3-9）的研发，并在 2015 年之后进行了商业化尝试，截至 2017 年已销售了数千辆。

图 2-3-8　特斯拉 Model S 电动汽车　　　　图 2-3-9　丰田氢燃料电池汽车

2017 年，国内最早的非车企（分别为蔚来和小鹏）生产的电动汽车（见图 2-3-10）问世，开创了在国内由科技公司进行汽车制造和生产的先例。其车型中无一不含有强烈的互联网元素，体现为液晶显示屏、电话、网络操作，其终极目标就是将汽车做成信息终端。

图 2-3-10　蔚来、小鹏电动汽车

近年来，在整车部件方面，国内企业也有了较为出色的表现。

2020 年 3 月，比亚迪推出了"刀片电池"，在保持良好储能的基础上，提升了安全性。其所研发的驱动电机及其控制器以小型轻量化、高效、长寿，获得了出色的转矩特性和经济价值，受到市场的青睐，如图 2-3-11 所示。

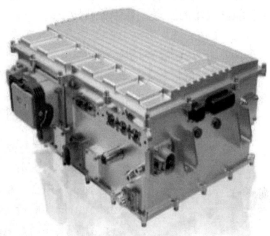

图 2-3-11　比亚迪"刀片电池"和驱动电机控制器

宁德时代电池以其优异性能获得了包括特斯拉在内众多新能源车企的认可。高工产业研究院发布的《全球动力电池装机量月度数据库》统计数据显示，截至 2023 年 4 月，宁德时代电池装机量占全世界 35% 的市场份额，位居第一，如图 2-3-12 所示。

排名	电池企业	装机量/GWh	同比增速/%	份额占比/%
1	宁德时代	17.18	145	35.00
2	比亚迪	8.03	124	16.36
3	LGES	6.73	79	13.71
4	松下	5.54	29	11.29
5	中创新航	2.30	118	4.69
6	SK on	2.17	5	4.42
7	三星SDI	1.74	71	3.55
8	国轩高科	1.55	122	3.16
9	孚能科技	0.91	131	1.85
10	欣旺达	0.67	105	1.37
	其他	2.26	35	4.60
合计		**49.08**		**100**

图 2-3-12　2023 年 4 月全球动力电池装机量 Top10

通过叶博士的讲解，我们不仅了解了能源的减少和能源消耗所带来的环境问题，还了解了新能源汽车的发展。具体总结如下。

（1）【必要性】国际上已经爆发的多次"石油危机"、环境污染及温室效应等情况，迫使汽车行业由传统燃油向新能源转型。

（2）【发展优势】新能源汽车电控技术、电池技术、电机技术都在不同程度上得到了很大提高。

（3）【发展意义】经济价值、社会价值、生态价值。

【名师解惑】　杨猛老师

问题1：石油是怎么来的？

问题2：我国石油全部依赖进口吗？

问题3：我国汽车国六a标准有哪些指标？

问题4：什么是雾霾？

问题5：我国新能源汽车制造企业主要有哪些？

2.4 新能源汽车发展现状

【大万问】今天和老舅去比亚迪4S店买车，销售顾问给我们介绍了很多纯电动汽车，说了很多这类车的优点，但是最后老舅还是选择了传统燃油汽车。这让我产生了很大的疑惑，新能源汽车这么好，为什么他不选择新能源汽车呢？

【同学讨论】小李："可能是新能源汽车充电设施较偏远或部分地区的配套设施不太完善。"小朱："不对，我听说电动汽车的维修保养成本不高，但具体有哪些项目我也不清楚。"小吴："也有可能是由于维护电动汽车的成本比较高，或者是故障率高。"

【叶博士解答】新能源汽车虽然已经推出多年，但在日常交通出行中仍是新事物，一方面客户不熟悉，信任度不够；另一方面它也存在一些发展的问题。本节就和同学们展开说说。

1．总体认识

新能源汽车最早在国内进行商业化推广是在 2015 年，距今约 10 年。根据相关部门统计：截至 2023 年 6 月底，全国机动车保有量达 4.26 亿辆，其中汽车 3.28 亿辆、新能源汽车 1620 万辆。可以看出，新能源汽车仅占汽车保有量的 2.2% 左右。这个比例还是很小的。

2．电力结构

随着国民经济的快速发展，电力需求也随之增加。表 2-4-1 所示为 2017 年至 2022 年 6 月我国全社会用电量。

表 2-4-1　　　　2017 年至 2022 年 6 月我国全社会用电量　　（单位：亿千瓦·时）

项目	2017 年	2018 年	2019 年	2020 年	2021 年	2022 年 1—6 月
总量	63077	68449	72255	75610	83128	40977
增速	6.55%	8.51%	5.56%	3.95%	10.68%	2.90%

从发电结构来看，2022 年 1—6 月全国风力发电量为 3429.1 亿千瓦·时，占比为 8.65%；核能发电量为 1989.9 亿千瓦·时，占比为 5.02%；火力发电量为 27276.8 亿千瓦·时，占比为 68.83%；水力发电量为 5828.2 亿千瓦·时，占比为 14.71%；太阳能发电量为 1107.1 亿千瓦·时，占比为 2.79%，如图 2-4-1 所示。

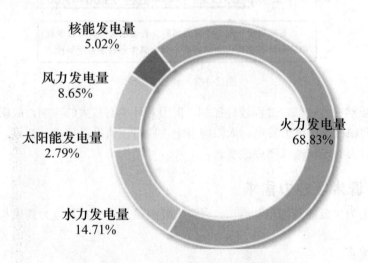

图 2-4-1　2022 年 1—6 月我国各类发电量占比

虽然水电、核电、风电等均为清洁能源，但是在建设成本或安全使用等方面，都难以和火电相比。在社会用电量逐年增加的情况下，火电在相当长的一段时间内，主导地位仍难以改变，主要原因如下。

（1）煤炭资源较为丰富

相对石油资源而言，我国的煤炭资源比较丰富，相当多的煤炭品质较好。例如，内蒙古自治区鄂尔多斯市含煤区面积约 6.1 万平方千米，目前已探明煤炭资源储量 2.7 亿吨，约占全国的 1/6，预测储量超过万亿吨。

由于煤层相对较浅，开采成本较低，如果发电厂就在其附近，则单位电价远低于其他发电方式。

（2）电力调节

由于社会用电量与季节、用电性质（工业/民用）相关，因此，白天用电高峰期和夜间用电低谷期的用电量的差异很大（见图 2-4-2），相对水电和核电而言，火电更容易控制和调节。

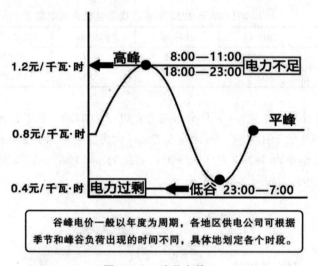

图 2-4-2　峰谷电价

火力发电虽然成本较低，过程较好控制，但因对环境有较大的影响，故国家一直在大力发展水力发电和积极推广风力发电、太阳能发电，同时谨慎推进核电站建设。但在短期内，火力发电占比较大的现状难以彻底改变。

3. 新能源汽车电力需求

作为以电力为主要能源的电动汽车，自身的耗电量是多少？其电力需求与充电设备配置需要如何考虑？

（1）电力需求

根据测试，特斯拉 Model S 电动汽车，在市区工况下耗电量约 13 千瓦·时/百千米（不同车型和行驶工况会有差异，相对而言，高速行驶耗电量会增加）。按照家用轿车年行驶 1 万千米计算，一年需用电约 1300 千瓦·时。截至 2023 年年底，我国的新能源汽车保有量约为 2041 万辆。

【叶博士讲】同学们可以由此推算，分别计算出 1 亿辆、2 亿辆电动汽车所需要的用电量，以及其占社会用电量的比例。

（2）建设充电站

充电站相当于燃油汽车的加油站。截至 2020 年，中国境内加油站总量达 119000 座。一般情况下，一座加油站一天能给 500～1000 辆汽车加油，不同的地方不尽相同。若是按照最大数据来计算，目前所有加油站单日可以服务的车辆最多为 119000 座×1000 辆＝1.19 亿辆。

燃油汽车加油时间一般约为 5min。即使按照快充计算，一辆电动汽车充电（由 20% 充至 80%）也需要约 40min，约为燃油汽车加油时间的 8 倍。

电动汽车通常配有快充和慢充两个充电口（具体差异和原理将在后文介绍）。通常情况下，快充多在充电站进行，而慢充则可以在单位、小区，甚至家里进行。由于慢充的充电时间较长（5～10h），往往可以在晚间（夜间）进行，这样一方面不影响车主次日的使用，另一方面，由于夜间使用的是低谷电，不仅价格便宜，还有助于调节电力。如某省会城市充电 App 显示，商业充电多为快充，价格分时提供，一般在 1.00 元/千瓦·时。夜间价格约为白天的 50%。

但即便如此，建设充电站（含家用充电器）也是一项巨大的工程，往往需要大量资金和建设时间，很难一蹴而就，如图 2-4-3 所示。

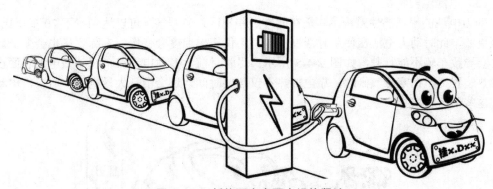

图 2-4-3　新能源汽车配套设施紧缺

4. 动力电池对新能源汽车发展的影响

（1）动力电池体积、质量和电量限制

作为车主，希望电动汽车续航里程越长越好。从理论上讲，续航里程越长，需要电量就越大，但电动汽车的动力电池容量（体积和质量）是有限的。目前大多电动汽车使用的动力电池体积已经足够大，几乎占满了汽车底部空间，如图 2-4-4 所示。再如，特斯拉 Model S 电动汽车的总质量为 2108kg，其中电池质量达 900kg，占比约 42.69%，远超燃油汽车油箱（满油）

质量。因此，动力电池的单位电量，也是电动汽车未来发展的一个重要因素。

（2）电池报废处理

电动汽车的动力电池随着充放电次数的增加，其容量会变小。当电池容量低于70%的时候，就需要考虑更换。一方面，多数新能源汽车厂商提供6至8年质保，超出时间就需要用户自费，而动力电池的价格约为原车价的50%，用户通常难以接受。另一方面，报废的电池的拆解或者再利用等问题，目前国内外尚无较为成熟的技术和方法解决。

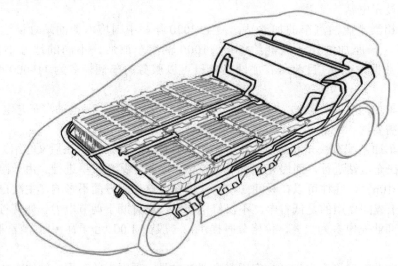

图 2-4-4　比亚迪电动汽车动力电池

（3）电池温度特性

动力电池的耐低温性差，尤其是在北方一些地区，冬季气温可以达到零下20多摄氏度，甚至更低，此时动力电池在使用时活性变差，不仅充电速度会变慢，实际容量也会变低，严重时会导致车辆不能行驶，如图2-4-5所示。尽管目前大多数电动汽车在动力电池表面设计了加热装置，但在寒冷气候时，靠电加热不仅需要时间，还会消耗大量电量。所以，电动汽车在这些地区较难推广。

图 2-4-5　动力电池耐低温性差

模块2　走近新能源汽车

5. 怎样加快新能源汽车产业发展

【大万思考】看来，新能源汽车还存在不少问题，那么今后该如何发展？

【叶博士】发展新能源汽车已成为全球汽车产业的共识，上述问题，都是发展中存在的问题，并不能影响新能源汽车的发展或者成为新能源汽车发展停滞的原因。新能源汽车未来的发展主要如下。

（1）分步实施，多措并举

针对电动汽车所存在的不足，一方面进行技术升级，即主要在电池轻量化、高密度化、耐低温、高安全性等方面进行技术升级。另一方面推广混合动力汽车，即降低油耗，减少排放，分阶段、有序推进新能源汽车的发展。

（2）体系化设计和发展

新能源汽车产业的发展，不仅针对车辆本身，还涉及电力供应、充电设施的建设、电池报废处理和再利用等方面。在发展过程中，应根据国家总体发展计划，有序、同步进行推进。

【叶博士说】可喜的是，在国家政策的支持下，我国的新能源汽车在规模和技术（如电池、电机控制、车用操作系统、网络互连等方面，部分达到了世界先进水平）上都进入了世界第一阵列。新能源汽车在国家战略的规划下，一定会得到更好的发展。

小助手总结

叶博士在本节中探讨了新能源汽车现阶段发展的一些阻碍因素，这里为大家做个总结。

（1）【因素一】电动汽车虽然在使用过程中无污染，但用电量较大。

（2）【因素二】动力电池体积大，但能量密度小，使得电动汽车续航里程相比燃油汽车短（但目前有较大提升），且耐低温性差，在寒冷区域推广难度大。

（3）【因素三】动力电池更换价格高，报废回收体系不完善。

（4）【信心】发展新能源汽车是世界汽车产业发展的趋势，也是国家战略。

【名师解惑】　杨猛老师

问题 1：新能源汽车行业有哪些管理政策？

问题 2：现在购买新能源汽车，国家有什么补贴？

问题 3：纯电动汽车到底能不能买？

问题 4：电池和汽油哪个能量密度大？

问题 5：电动汽车的优点是什么？

3.1 新能源汽车和燃油汽车的不同

【大万问】我只知道，新能源汽车在行驶的过程中消耗的是电能，传统汽车消耗的是燃油。除了这个，新能源汽车和燃油汽车还有什么不同呢？两者在结构和组成上有没有区别？

【同学讨论】小周："前几天我陪叔叔去维修站保养汽车，看到维修站里停放了好几辆待保养的新能源汽车，走近瞧了瞧，发现新能源汽车机舱里有好多非常显眼的橙黄色线缆，为什么会有这么多橙黄色的线缆呢？"小李："有可能那几根橙黄色的线缆是检测时用的吧。应该是为了检修时更加显眼吧。"小朱："燃油汽车也要检测，为什么没有这种线缆？"

【叶博士解答】同学们在观察时，已经看到了二者之间的差异，这很好。但就原理而言，还是"知其然，不知其所以然"。这一节，我将就新能源汽车与传统燃油汽车的区别给大家讲一讲！

1．概念

要想弄清楚新能源汽车与传统燃油汽车的区别，应了解这两类车有哪些部分是相同的。首先，二者都是车！都是可以载人的车！都是可以行驶在路上的车！因此，就车本身而言，其外形、乘坐方式等基本相同。如图 3-1-1 所示的两辆车，如果只看车头，能分辨出哪辆是燃油汽车，哪辆是电动汽车吗？

在结构方面，燃油汽车主要由发动机、底盘、车身、电气控制系统四大部分组成。相对于燃油汽车而言，电动汽车取消了发动机，增加了电源系统和驱动电机等新部件。由于驱动方式发生了改变，其他相关部件也随之被简化或去除，电动汽车的四大部分为驱动电机、电源系统、车身与底盘、辅助系统。燃油汽车和电动汽车的结构如图 3-1-2 所示。

图 3-1-1　燃油汽车和电动汽车外观

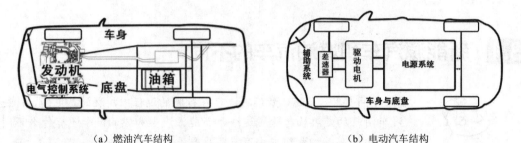

（a）燃油汽车结构　　　　　　　　　　　　　（b）电动汽车结构

图 3-1-2　燃油汽车和电动汽车的结构

2. 燃油汽车的构成

燃油汽车的核心是发动机，其余部分的作用一方面是配合发动机工作，另一方面是提供车辆本身所需要辅助功能。

（1）发动机——汽车的"心脏"

汽车发动机如图 3-1-3 所示，它是汽车的动力来源，更是汽车的"心脏"。它决定汽车能跑多快，能爬多陡的坡（专业称为动力性）。由于发动机工作时所需要的燃油主要是汽油或者柴油，因此耗油量是发动机重要的指标之一（专业称为经济性）。当然，排放性能也是一个重要指标。目前新上市的燃油汽车排放均遵循国六标准。

（2）底盘——汽车的"骨骼"

底盘是支撑发动机及其他各部件的重要部分，是汽车的"骨骼"，如图 3-1-4 所示。在汽车行驶过程中，发动机提供的动力通过底盘中重要部件之一的变速机构（汽车在起步和上坡时，需要较大的转矩，而平坦路面上高速行驶时，则只需要较小的转矩）传递给驱动机构，最终使得车轮按照驾驶员的操控意图进行转动，且在此期间，还要有效保证驾驶员与乘客的安全。

图 3-1-3　汽车发动机

图 3-1-4　前置四驱车底盘

（3）车身——汽车的"长相"

汽车车身由框架结构和外表层所组成，对大多数汽车而言，结构是一个整体，主要作用是保护驾驶员和乘客的安全。它符合良好空气力学的支撑（汽车在高速行驶时因汽车外形不同，风阻系数大小也不同。风阻系数越大，对车辆行驶、操控、燃油经济性等影响越大）架构。好的车身不仅能带来更佳的性能，还能彰显车辆的个性，如图 3-1-5 所示。

图 3-1-5　汽车车身结构及外形

（4）电气控制系统——汽车的"神经系统"

电气控制系统包括发动机、底盘和车身的电子控制系统。这些部分与汽车行驶过程中的动力、安全、舒适度，甚至娱乐紧密相关。电气控制系统很复杂，一般由很多传感器、微处理器单元（Micro Processor Unit，MPU）、执行器和数十甚至上百个电子元器件及其零部件组成，故称为汽车的"神经系统"，如图 3-1-6 所示。

图 3-1-6　燃油汽车电气控制系统

【叶博士】了解了燃油汽车的主要结构，就能很好地将其与电动汽车加以比较了（燃油汽车技术成熟稳定，没有续航里程焦虑）。

3. 电动汽车的构成及主要特点

前文讲到，电动汽车与燃油汽车最大的区别在于，燃油汽车依靠发动机提供动力，而电动汽车由驱动电机来提供动力。因此电动汽车在构成上有所不同，主要有电力驱动控制系统、电源系统、车身与底盘、辅助系统 4 个部分。

（1）驱动电机——核心部件

驱动电机是电动汽车的核心部件，其能源主要来自电源系统。驱动电机的转动主要依赖于电力的供给与控制。相对而言，其结构与控制过程较发动机的结构与控制过程要简单得多，电动汽车驱动电机如图 3-1-7（a）所示。此外，现在很多电动汽车的驱动电机和减速器集成为一体，简称驱动/减速一体机，如图 3-1-7（b）所示。

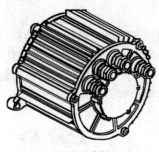
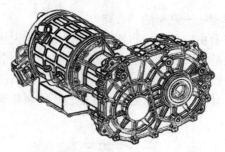

（a）驱动电机　　　　　　　（b）驱动/减速一体机

图 3-1-7　电动汽车驱动电机

① 电动汽车在制动和滑行时，可以进行电能回收（专业称为能量回收）。燃油汽车无此功能。

② 根据需要，驱动电机及相应结构可以不止一个，如轮毂电机（如驱动电机安装在车轮上，8 个车轮就是 8 个驱动电机）等。

【大万问】这是什么车？每个车轮上都有一个驱动电机，这样的车怎么开呀？！

【叶博士说】确实有这样的车，而且它有一些特殊的功能，比如，使用轮毂电机驱动的汽车可以原地旋转 360°，如图 3-1-8 所示。这在军事上很有价值。

图 3-1-8　使用轮毂电机驱动的汽车

（2）电源系统——能源供给

电动汽车，顾名思义，是靠电力驱动的汽车，因此电力供给设备是重要组成部分。从形式上讲，燃油存放在油箱里，电力存放在电池里。动力电池存放的是直流电，通常驱动电机使用的是交流电，需要转换。即使是直流电机，也需要相应的控制系统。此外，电力不能像燃油一样"倒进去"，而需要充电装置（内部和外部）加以补充。

由于电动汽车驱动需要消耗较多电量（如特斯拉 Model S 满电电量为 65kW·h），需要较大体积的电池，因此，动力电池多由一节节（或一组组）单体电池所组成。加之电池材料

（如磷酸铁锂、三元锂等）不同，其对温度敏感度也不同，因此，需要较为复杂的电池管理系统，如图 3-1-9 所示。

图 3-1-9　电动汽车电池管理系统

需要注意的是，大多数的新能源汽车（包括纯电动汽车和混合动力汽车）的动力电池电压都在 280V 以上，属于高压电。而燃油汽车上的电池电压多为 12V（或 48V）。因此，在进行新能源汽车的检测、维修和操作时，相关人员不光需要进行相应的安全防护，还必须具备相应的资质，即特种作业操作证（电工）。

（3）车身与底盘——"长相与骨骼"

电动汽车在车身与底盘方面与燃油汽车大致相似，但有一些不同。

① 减速器替代了燃油汽车变速器。燃油汽车在行驶过程中如果需要加速，除需要加油之外，还需要换挡，但是电动汽车就不需要。

② 燃油汽车制动系统主要解决的是减速和安全问题，而电动汽车在制动或者滑行的时候，除确保安全之外，由于采用电机驱动模式，在上述状态下还可以进行"能量回收"。因此电动汽车的制动系统与燃油汽车的有一定差异。

（4）辅助系统——延续传统，创新未来

电动汽车在辅助系统方面首先要具备燃油汽车辅助系统所涉及的主要方面的功能，如车辆行驶相关参数、车辆故障信息参数显示等。

① 空调的使用。燃油汽车使用空调时用发动机的动力带动空调压缩机工作，而电动汽车的空调系统则完全采用电动压缩机，如图 3-1-10 所示。

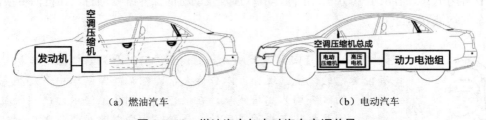

（a）燃油汽车　　　　　　　　　　　　　　　（b）电动汽车

图 3-1-10　燃油汽车与电动汽车空调差异

② 电动汽车的驱动电机和动力电池的散热功能是燃油汽车所没有的，电动汽车在冬季对电池加热，主要使用电力。

③ 电动汽车基于电子和网联技术的智能化功能，相对燃油汽车更加容易实现。如对电池的性能实时监控并及时显示，基于网络技术的在线故障和维修检测。这在一定程度上，超越了燃油汽车的技术。

4. 燃油汽车与电动汽车的差异和区别

【叶博士讲解】上面分别给大家介绍了燃油汽车和电动汽车的主要结构和特点。我们究竟应该如何去了解和区分这两种汽车？这里对它们的相同点和不同点做一些归纳和总结。

（1）相同点

首先，在现阶段，二者均作为交通工具，其底盘结构、乘坐方式、常用电器等基本相同。这就意味着之后的维修、保养服务也有很多相同点，如轮胎、玻璃水、刹车油、刹车片的更换，甚至是防冻液的更换也基本相同。

（2）不同点

① 核心差异

驱动方式：燃油汽车依靠的是发动机，而电动汽车依靠的是驱动电机。

能量供给：燃油汽车依靠的是燃油，而电动汽车依靠的是电力，且两者的能量储存方式完全不同，燃油是直接加入，而电必须要有充电装置。另外，燃油汽车的电池电压为直流低压，电动汽车的电池电压为直流高压。

传动方式：燃油汽车依靠的是"变速器+减速器"，而电动汽车只有减速器。

② 其他差异

制冷方式：燃油汽车由发动机通过皮带带动空调压缩机旋转制冷，纯电动汽车采用电压压缩机制冷。

制热方式：燃油汽车是将发动机的热量传递给冷却液进行制热，纯电动汽车由电加热冷却液进行制热。

保养方式：二者由于驱动方式不同，所以涉及发动机的保养维修项目，如机油更换，电动汽车的均被取消。

【叶博士提示】回到本节刚开始时，同学们说看到新能源汽车机舱里有橙黄色的线缆。现在可以告诉大家，在新能源汽车中，凡颜色为橙黄色的线缆均为高压线束。在检查、检测和维修中，遇到橙黄色线缆，均需要具有相关资质的人员在穿戴安全防护装备之后方可进行操作，否则就是违规操作，有可能产生严重后果。请同学们务必注意！

【大万和同学】我的天呀!

本节中,针对同学们产生的疑问,叶博士进行了详细的讲解,并对电动汽车和传统燃油汽车的主要区别做了很清晰的总结和归纳。在这里,还要总结和强调如下。

(1)【特点】传统燃油汽车和电动汽车的主要特点与差异正如叶博士总结的那样,需要认真学习和领悟。

(2)【差异】正是二者之间的核心差异,导致了它们在驾驶、保养、检测和维护上的差异。这也是今后学习的重点。

(3)【学习】新能源混合动力汽车既有燃油汽车的特点,又有电动汽车的功能,因此未来仍需要认真学习燃油汽车技术,只有这样才能在就业上具有更强的竞争力。

【名师解惑】 熊华老师

问题 1: 燃油汽车的优势与劣势分别是什么?

问题 2: 纯电动汽车的优势与劣势分别是什么?

问题 3: 燃油汽车的组成有哪些?

问题 4: 纯电动汽车的组成有哪些?

问题 5: 混合动力汽车的组成有哪些?

3.2 新能源汽车的高压电

【大万走神】在学完新能源汽车的基本结构之后,实训老师带我们去进行实训,第一节课的内容就是安全知识。我听着听着就走神了,不由自主地来到一辆打开机舱盖的新能源汽车前,动手就摸。实训老师眼疾手快,立刻制止。这是为什么?

【同学讨论】小李："这是因为新能源汽车有很高的电压，如果操作不当，就会发生事故甚至有生命危险。"小周："我也听说新能源汽车主要就是由于存在高压系统才危险的，但具体哪里有高压电我就不知道了。"

【叶博士解答】看来同学们已经意识到新能源汽车高压电这个情况，高压电是新能源汽车所涉及的一个重要内容，一定要认真理解。

1．概念

新能源汽车因为采用电机驱动车辆，所以需要较高的电压，其电压远比燃油汽车 12V 直流电压要高得多。通常情况下，多为直流 280～600V，因为只有这样的高电压，才可以驱动电机进而推动车辆行驶。正是因为有高压电，所以它的维修和燃油汽车的有所不同，尤其是在维护涉及高压电部件时，不仅需要了解其工作原理，还必须按照规范进行防护。

什么是高压电？哪些部件是高压部件？在维修时应该注意什么？

2．什么是电，电和我们有什么关系

（1）电的概念

电，对大多数人来讲，并不陌生。家、学校、单位、商场等几乎所有地方，都有电的存在。

【叶博士问】如果晚上突然断电了，会发生什么情况？

【大万和同学们七嘴八舌地说】点蜡烛呗！手机上也有"手电筒"，没问题！

【叶博士问】如果是大面积断电呢？手机上能看到什么？电视还有信号吗？网络还能连通吗？现代社会，电与我们的生活密切相关，如图 3-2-1 所示。

图 3-2-1　电的广泛使用

（2）电的知识

我们常常只看到使用电的美好，不知道电的"厉害"。电的厉害，通常有两种表现：一是触电导致人有生命危险，如图 3-2-2 所示；二是因电失火，导致财产损失，甚至危害人的生命。安全用电教育，从幼儿就要开始。

那么在什么样的情况下会导致触电？

图 3-2-3（a）和（b）中均将灯泡点亮。但如果人像灯泡一样被连接会如何？显然，图 3-2-3（c）中的人安然无恙，图 3-2-3（d）中的人就倒下了。

其实，图 3-2-3（c）和（d）中的人均可称为触电，但结果完全不同。这是为什么？

实际上，图 3-2-3（c）和（d）中的人都是触电，只是对图 3-2-3（c）中的人而言，几乎没有感觉。因为图 3-2-3（c）中的人触的电是直流 5V，而图 3-2-3（d）中的人触的电是交流 220V。同样是触电，人可以承受的电压称为"安全电压"，一旦接触超过安全电压的电压，轻则皮肤接触位置发麻，重则会灼伤人，使人抽搐、休克，甚至导致死亡。图 3-2-3（d）中的情况就较为严重。

图 3-2-2　触电的危险

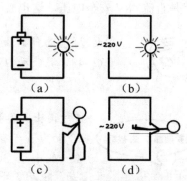

图 3-2-3　触电的结果

根据国家标准《特低电压（ELV）限值》（GB/T 3805—2008）规定，我国安全电压额定值的等级为 42V、36V、24V、12V 和 6V。也就是说，在国家规定的安全电压范围内，一般不会出现危险情况。

（3）新能源汽车的高压电

在国家标准《电动汽车安全要求》（GB 18384—2020）中，根据不同等级电压可能对人体产生的伤害和危险程度，考虑到空气的湿度和人体在不同工作环境下的电阻，基于安全考虑，将电动汽车的电压分为 A 和 B 两个等级，如表 3-2-1 所示。

表 3-2-1　　　　　　　　　　　　　　　　　电压等级

电压等级	最大工作电压（U）/V	
	DC（直流）	AC（交流）
A	$0 < U \leqslant 60$	$0 < U \leqslant 30$
B	$60 < U \leqslant 1500$	$30 < U \leqslant 1000$

图 3-2-4　新能源汽车的高压电

显然，A 级电压是较为安全的电压，该电压下进行操作的维护人员不需要采取特殊的防电保护措施；而 B 级电压对人体会产生伤害（如基于交流 48V 的混合动力汽车），被认为是高压。在该电压下进行任何操作都必须使用相应的防护设备并使用专用的绝缘操作工具。新能源汽车的高压电如图 3-2-4 所示。

3. 新能源汽车有哪些高压电

（1）新能源汽车的电压有多高

目前，市场上新能源汽车主要有纯电动汽车和混合动力汽车两种。纯电动汽车的动力电池的电压均为直流高压。车型（如微型车、小型车、中型车、中大型 SUV 等）不同，其电压也有所不同。微型电动汽车的电压一般在 200V 以内，如五菱 mini，其电压约为 98V。中型电动汽车的电压在 800V 以内，如特斯拉 Model S 的电压约为 400V。

混合动力汽车因为车型和混动比不同，电压差异比较大。通常油电混合动力汽车的电压相对较低，而插电式混合动力汽车的电压较高。近年来市场上出现了 48V 混合动力汽车，所采用的就是直流 48V 安全电压，这也成了混合动力汽车的一种新的类型。

【大万问】为什么油电混合动力汽车的电压要比插电式混合动力汽车的低？48V 混合动力汽车又采用什么原理？

【叶博士笑答】大万的问题还不少呀！多动脑，这很好。油电混合动力汽车有两个特点：一是电驱动车辆的行驶距离相对较短（一般小于 30km）；二是动力电池的充电过程主要靠发动机带动，即没有外部充电接口。插电式混合动力汽车也有两个特点：一是电驱动车辆行驶距离相对较远（一般为 60km～120km）；二是电池具有外部充电功能。这两种车型的电池容量的差异，导致油电混合动力汽车动力电池的电压较插电式混合动力汽车的电压低。

【叶博士】至于 48V 混合动力汽车，请同学们先查阅相关资料，做一些调研，以在后文进行研讨。

（2）电动汽车哪里有高压电

电动汽车一般都有高压和低压两种电压。并不是车辆所有部件上都有高压电，只是与动力电池相关的部件会有。其他辅助部件，如雨刮器、车窗玻璃升降装置、音响等，依然使用的是 12V 直流电。

① 动力电池——高压之源

动力电池是车辆高压之源，也是直接产生高压电的部件。动力电池体积和质量均很大（如特斯拉 Model S，光电池就有 900kg），如图 3-2-5 所示。

动力电池通常置于车辆底部，没有专用设备无法直接检查。动力电池一般有单独铭牌，标明其电池材料、电压、电流、功率等技术指标。图 3-2-6 所示为奇瑞电动汽车的动力电池铭牌。需要注意的是，与动力电池配套的电池管理系统（Battery Management System，BMS）部件，也涉及高压电。

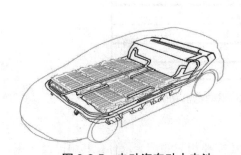

图 3-2-5　电动汽车动力电池

图 3-2-6　奇瑞电动汽车的动力电池铭牌

② 驱动电机——核心高压用户

【叶博士】电动汽车的核心驱动力来自电机，因此，作为动力之源的动力电池根据驱动电机的需要提供相应的高压电。驱动电机的电流通常有直流电和交流电两类，无论是直流电还是交流电，在驱动之前都需要进行一定的转化，如升压或降压或"逆变"等，方可驱动电机运转。图 3-2-7 所示为奇瑞小蚂蚁电动汽车的驱动电机外形。

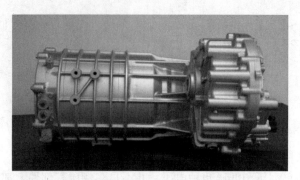

图 3-2-7　奇瑞小蚂蚁电动汽车的驱动电机外形

　　同样，驱动电机作为一个重要部件，也有相应的驱动电机铭牌，图 3-2-8 所示为奇瑞小蚂蚁电动汽车的驱动电机铭牌。额定电压、额定功率等参数将准确显示。在车辆维修保养之前，准确了解铭牌内容是必须做到的！此外，驱动电机控制单元（Motor Control Unit，MCU）也是涉及高压电的重要部件。

 永磁同步电机

零件号：J60-2103010BA	零件名称：驱动电动机总成
型号：112AAA	关键件标记：D
额定电压：260V	冷却方式：液冷
额定功率：40kW	峰值功率：95kW
额定扭矩：120N·m	峰值扭矩：250N·m
相数：3相	工作制：S9
防护等级：IP67	绝缘等级：H级
供应商代码：OGT	制造国：MADE IN CHINA
最高工作转速：12000r/min	
出厂编号：*112AAAAAPQHE00008*	

图 3-2-8　奇瑞小蚂蚁电动汽车的驱动电机铭牌

　　③ 配套部件——一个也不能少

　　一辆完整的电动汽车，只有电池和电机还不够，还需要相应的配套部件。其中涉及高压电的配套部件如下。

　　a. 电源分配单元（Power Distribution Unit，PDU），如图 3-2-9 所示。

【叶博士】电源分配单元的主要作用是进行各个部件之间的高压电转换，由于所有转换过程中都有保险装置，所以一旦发生故障或意外，通过电源分配单元的保险装置，可以避免相关的事故发生。

它的功能就像单位配电房及家庭中的配电箱。

图 3-2-9　奇瑞电动汽车的电源分配单元

b．直流/直流（Direct Current/Direct Current，DC/DC）转换器，如图 3-2-10 所示。

【大万问】什么叫直流/直流？这是做什么的？

【叶博士】很多同学对这个名词都不能理解。我们知道，大多数电动汽车上都既有高压动力电池，又有低压（12V）蓄电池。高压动力电池主要用于给驱动电机提供能量，而低压蓄电池主要供汽车上的辅助低压电器（如音响、电动座椅、车窗等）使用。在传统燃油汽车中，12V 蓄电池需要通过发动机带动发电机进行充电，而电动汽车没有发动机，那么低压蓄电池如何进行充电？直流/直流转换器就是将动力电池的直流高压电转换成直流低压电，使 12V 蓄电池进行充电的装置。

c．车载充电器（On-Board Charger，OBC），如图 3-2-11 所示。

电动汽车补充电力主要通过外部充电。外部充电有快充和慢充两种方式。通常情况下，快充是指直接使用高压直流电对车辆动力电池进行充电，而慢充则是指将交流 220V 电压的电经车辆内部的充电器对动力电池进行充电（将外部的交流 220V 电压的电升压并转换成直流电对动力电池进行充电）。相关充电器原理将在后文讲解。

图 3-2-10　奇瑞电动汽车的直流/直流转换器

图 3-2-11　奇瑞电动汽车的车载充电器

d. 其他高压部件。

除了上述主要部件之外，还有空调系统。传统燃油汽车的空调压缩机通过发动机带动运转，而电动汽车没有发动机，它的空调压缩机通过高压电直接驱动，称为电动压缩机，如图 3-2-12 所示。这和传统燃油汽车有着重要的区别。

加热装置，在传统燃油汽车中，空调暖风系统使用的是发动机散热时的热量，且主要用于车内温度的提升。但对电动汽车而言，冬季不仅需要进行车内加温，还需要对电池进行加温（前文已述，电池在低温环境下性能不佳）。因此，这就需要专门的制热装置，这个装置被称为空调 PTC 加热器。空调 PTC 加热器的作用就是制热。当北方冬季，电池包在一定的温度下才能正常工作，这时候就需要空调 PTC 加热器给电池包进行预热（见图 3-2-13）。

图 3-2-12　奇瑞电动汽车的电动压缩机

图 3-2-13　奇瑞电动汽车的空调 PTC 加热器

电动汽车的高压线束如图 3-2-14 所示，将电动汽车中高压系统上的各个部件相连，作为高压电源传输的媒介。区别于低压线束，这些线束均带有高压电，一般使用橙黄色来进行区分，所以一定要高度重视高压系统的橙黄色高压线束，用这种颜色的线束连接的部件一定是高压部件。

【大万说】这下知道了，凡是橙黄色线束就一定是高压线束。如要进行操作，不仅要事先进行安全防护，操作人员也必须持有电工证。在此基础上，才能按照规范进行操作。

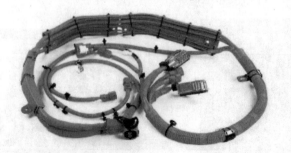

图 3-2-14　电动汽车的高压线束

4. 电动汽车的高压电有哪些特点

【大万问】我们虽然知道电动汽车有高压电，但这种高压电有什么特点？在学习中和以后的实操训练中要注意什么？

【叶博士继续讲解】大万已经学会了思考，但仍是"略通皮毛"。学习电动汽车的高压电，是为了更好地应用，所以需要对其特点进行较深入的了解。

（1）电压值。多数电动汽车或混合动力汽车的动力电池电压都在 280V 以上（不含 48V 混合动力汽车）。但总体上讲，与车辆的类型有关。相对而言，微型车、小型车动力电池的电压比中型车和 SUV 车型（包括商务车、小型货车等）的要低。如特斯拉 Modle S 的动力电池总电压为直流 400V。而奇瑞小蚂蚁微型电动汽车的动力电池电压为直流 330V。相对燃油汽车而言，电动汽车对绝缘的要求要高。但不同电压所使用的绝缘材料也有所不同，相对而言，中大型电动汽车的绝缘要求更高。图 3-2-15 所示为套管。

（a）低压套管　　　　　　　　　　（b）高压套管

图 3-2-15　套管

（2）电压属性。电动汽车中动力电池的电压均为直流电压，但在整车中，既有直流高压，也有交流高压。如很多电动汽车采用交流电机。因此，在车辆启动或行驶状态下，驱动电机的工作电压大多为三相交流电。此时，相关高压控制盒及相关线束中也同样为交流高压。

新能源汽车的高压电要求动力电池正、负极距离大。在直流 12V 电压下，正、负极之间的距离很近时才会有击穿空气的可能。但是当电压达到 200V 以上时，正、负极之间要保持很大的距离，才能避免高压电击穿空气而导电，如图 3-2-16 所示。如果在工艺上需要靠近（如驱动电机的 3 根接线端子），就需要对线束进行良好的绝缘处理。

图 3-2-16　高压动力电池正、负极之间的距离要大

高压电是电动汽车不可回避的内容，结合同学们的讨论和提问，叶博士为我们讲解了什么是高压电、哪里有高压电、高压电有什么特点等知识。在这里，归纳如下。

（1）【电压】电分为 A 级电和 B 级电两类，亦称安全电和非安全电。

（2）【触电】当人体接触到非安全电时，就有可能发生触电事故，电压越高，伤害越大。

（3）【高压部件】新能源汽车高压部件有动力电池、电机、电机控制器、高压控制盒等。凡橙黄色线束均为高压线束。

（4）【属性】电动汽车中既有高压电，也有低压电；既有直流高压电，也有交流高压电。

（5）【操作】对电动汽车进行维修操作，必须有相关资质的电工证，且在进行安全防护和使用绝缘工具的基础上方可进行。

【名师解惑】　熊华老师

问题 1：什么是交流电？

问题 2：什么是直流电？

问题 3：触电的危害有哪些？

问题 4：人体的安全电压及安全电流是多少？

问题 5：直流/直流转换器的作用是什么？

3.3　学习新能源汽车专业知识与考低压电工证的关系

【大万问】虽然知道新能源汽车的高压电知识，但我还是不太理解，我们又不是电工，为什么要考低压电工证？除此之外，是否还需要别的证书？

【同学讨论】小周："我觉得要想维修新能源汽车，首先要经过专业、系统的技术培训。"小李："我听说仅有技术培训还不行，还必须持有低压电工证才可以，这又是为什么呢？"

【叶博士解答】同学们讨论的这个问题很重要，这直接关系到后续的学习内容和要求，我给大家讲一讲。

1. 何为低压电工证

低压电工证如图3-3-1所示，由安全生产监督管理局颁发［其依据为《中华人民共和国电力法》，全国统一标准］，用于证明持有者具有低压电工作业安全操作的知识和能力，适用于1000V以下的电工作业。取得低压电工证后，每3年进行一次审核，每6年更换一次证件。

图3-3-1 新版低压电工证样式

2. 为什么要考低压电工证

众所周知，新能源汽车绝大多数都涉及高压电（48V混合动力汽车除外）。所以，从事新能源汽车维修、养护和服务的技师都不可避免地要接触高于200V的交/直流电。

我国从2010年7月1日起施行《特种作业人员安全技术培训考核管理规定》（安全监管总局令第30号）。

2010年开始，新能源汽车逐步走向市场，随着车辆的增加，其检测和维修等服务业务随之产生。4S店新能源汽车售后服务从业人员都必须接触与操作新能源车辆。所有从事新能源汽车专业技术检测、维修和相关操作的人员都必须持有国家颁发的低压电工证及其他相关职业技能上岗证书，如图3-3-2所示。

图3-3-2 新能源汽车专业人员持低压电工证上岗

3. 低压电工培训与考核内容

【大万问】低压电工证要考哪些内容，需要培训吗？

【叶博士讲解】当然需要培训，培训不光是为了考试，更重要的是在以后进行涉及新能源汽车的操作中确保自己和他人的人身安全，大家一定要高度重视！

第一类，电工基础知识，主要包括电路基础、常用公式、电磁现象、交/直流电等知识。这些是基础，要操作电，就必须懂电，只有懂电，才可以驾驭电！

第二类，安全用电与急救知识，包括触电的类型、常见的触电形式、如何脱离电源、脱离电源后的判断和急救方式等。

这些是必须掌握的，电是我们生活和工作必须用到的！用得好，为社会服务；用得不好，则会产生危害！以防万一，必须懂得保护措施和相关急救知识。

第三类，电工仪表的认识和使用，包括指针式万用表、数字式万用表、电能表、钳形电流表、兆欧表、交流电压表、交流电流表、接地电阻检测仪等。这些是"利器"，只有掌握利器，才能更好地使用、管理和操作电。

第四类，电子元器件的认识，包括电阻器、电感器、电容器、二极管、晶体管等电子元器件。

第五类，三相电机的常用控制电路的学习，包括正反转控制电路、自动往返控制电路、顺序控制电路、多地控制电路、降压启动控制电路等。

4. 关于低压电工证考试的规则

【大万问】现在知道为什么要考低压电工证了，但怎么考、何时考、在哪里报名？

【叶博士很欣慰】大万考虑问题越来越全面，有点"矩周规值"。我们不仅要关注为什么要考这个证，还一定要知道如何考等相关事宜。

低压电工证由有关部门统一标准和规范，由当地安全生产监督管理局颁发。通常情况下，考证机构一般不接受个人报名，考生可以到经国家相关部门批准的和有资质的培训学校或机构报名。通过网络查询，均可找到全国各城市报名考试点。

下面以某省应急管理厅考试为例，具体说明如何报名。

（1）准备报名所需资料

➤ 一寸蓝/白底彩色证件照两张。

➤ 特种作业人员安全技术培训登记表一份（见文后附件1），用黑色签字笔填写完整，并把一寸照片和身份证正面复印件粘贴在登记表上。

> 毕业证复印件；没有毕业证的，提供文化程度证明（见文后附件 2）。

以上资料准备好后交到报名点即可。

（2）注册报名账号

以河南省为例，进入河南政务服务网官网，按照图 3-3-3 所示步骤注册报名账号，注册成功后记住账号和密码。

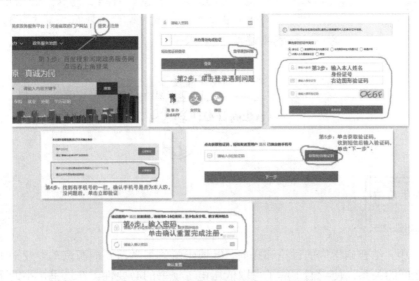

图 3-3-3　河南政务服务网账号注册步骤

输入注册好的账号和密码登录河南政务服务网，按照页面提示报名即可。

（3）预约考试

报名成功之后等待 25 个工作日，可以预约考试。考试主要分为两大类：一类是上机考试，一类是实操考试。

【大万说】上机考试是考取低压电工证中最重要的一环。带好准考证以及身份证进场考试，考题共计 100 道，每题 1 分，最终分数不低于 80 分方可通过。同学们只需要考前认真做题，就可以通过上机考试。

上机考试完毕后，即可到候考室准备实操考试。

就目前来说，每个地方的实操考试都是不一样的，有的偏向理论，有的需要实际操作电路，具体情况应在报名前详细了解。

实操考试分为两大类：一类是电力拖动接线，主要包括照明线路、电机正反转线路和点动自锁线路等操作考核；另一类是消防安全，如灭火。

实操项目综合得分同样要在 80 分及以上才可以通过。考试结束后，如果上机考试和实操考试的分数都在 80 分及以上，就可以等着领取低压电工证了。

5. 何时进行考证

【叶博士提醒】对新能源汽车相关专业的同学而言，低压电工证是必考证书。但对其他专业（汽车机电维修）的同学而言，可以不考。随着新能源汽车的发展，很多企业对汽车机电维修岗位都提出了学习新能源汽车维修技术和考证的要求。因此，叶博士建议：新能源汽车专业或汽车机电方向的专业的同学，最好都能参加低压电工证的考试，以便为就业拓宽渠道。

在本节中，结合同学们的讨论和提问，叶博士解答了学习新能源汽车专业知识与考低压电工证书之间的关系，使我们了解了考取低压电工证书的必要性。在这里，小助手为大家做知识总结。

（1）【概念】低压电工证由有关部门统一标准和规范，由当地安全生产监督管理局颁发，用于证明持有者具有低压电工种安全操作的知识和能力，适用于 1000V 以下的电工作业。

（2）【必要性】低压电工证是从事维修新能源汽车行业所必须持有的职业资格证书。

（3）【考试】考试流程为报名、预约、考试；考取低压电工证必须经过专业培训。

（4）【培训内容】电工基础知识；安全用电与急救知识；电工仪表的认识和使用；电子元器件的认识；三相电机的常用控制电路的学习。

【名师解惑】 熊华老师

问题 1：低压电工证的作用是什么？

问题 2：低压电工证的报考条件是什么？

问题 3：电工基础知识有哪些？

问题 4：触电急救方法有哪些？

问题 5：低压电工证如何年审？

附件 1　　　　　　　　　　　　**特种作业人员安全技术培训登记表**

姓　　名			性别		民族		文化程度		一寸照片粘贴处
出生时间	年　月　日		培训形式		新训□　复训□　复训换证□				
家庭住址									
特种作业类别				准操项目					
从业单位				联系电话					
工作简历	（主要填写从事本工种年限和从业经历）			（身份证正面复印件粘贴处）					
培训情况	依照相关部门制定的本工种安全技术培训大纲完成教学计划。 培训机构负责人（签名）：　　　　　　　　　学员签名： 　　　　　　　　　　　　　　　　　　　　　　　　　年　月　日								
除体检合格有无下列疾病或病史	精神性疾病□　　　严重生理缺陷□　　高血压□　　　恐高症□ 严重过敏体质□　　突发性昏厥□　　色盲□　　　心脏病□　　癫痫病□ 本人承诺对以上情况的真实性和准确性负责。　　　学员签名：								

附件 2　　　　　　　　　　　　　　**文化程度证明**

姓名		性别		身份证号	

本人于＿＿＿年＿＿月至＿＿＿年＿＿月在＿＿＿＿＿＿＿＿＿＿＿＿＿＿＿＿＿＿＿＿＿学校学习，具有＿＿＿＿＿＿＿文化程度。

本人签字（手印）：

　　　　　　　　　　　　　　　　　　　　　　　　　　　　　　年　月　日

3.4 安全、正确检查新能源汽车的方法

【大万问】老师，您给我们介绍了能源、高压电等知识，这虽然有助于我们了解新能源汽车，但一旦我们面对新能源汽车，应该从何下手？

【同学讨论】小朱："我想应该和普通燃油汽车差不多吧，根据工单进行作业就可以了吧！"小周："不对，没那么简单，听说维修新能源汽车的工具和普通工具不一样，还要做好安全防护措施……"

【叶博士笑答】前文讲了不少基础知识，看来同学们都着急了，想急于上手面对实车操作了。这里，就这个内容给大家讲讲。

1．概念

之前已经介绍了新能源汽车尤其是电动汽车的高压电等情况，在面对电动汽车并要进行检查时，操作人员在具有低压电工证的基础上，首先要明确车辆检查目的。

所谓目的，即为什么要检查，一是车辆发生故障或需要保养，在维修或保养之前要进行全面检查；二是新车在入库或者即将销售之前要进行全面检查。但二者的检查内容有所不同。其中新车检查将在后文介绍，这里主要介绍针对保养或维修车辆进行检查的规范和要求。在完成基本检查以后，方可进行下一个环节的操作。

2．安全防护

新能源车辆的检查必然涉及高压电，因此，在操作之前，一定要做好安全防护措施。安全防护分为个人防护和场地防护两个内容。

（1）个人防护

个人防护主要针对在接触和操作与高压电相关的部件所需要进行的防护，常用的个人防护用品包括绝缘手套、绝缘鞋、护目镜、安全帽等，如图 3-4-1 所示。

无论检查还是维修，都需要动手进行操作，故上述的防护用品中，对绝缘手套要求比较高。按照国家发布的《带电作业用绝缘手套》（GB/T 17622—2008），绝缘手套电压等级有 5

级，0 级为 380V，1 级为 3000V，2 级为 10000V，3 级为 20000V，4 级为 35000V。新能源汽车用绝缘手套电压等级需在 1 级以上，如图 3-4-2 所示。

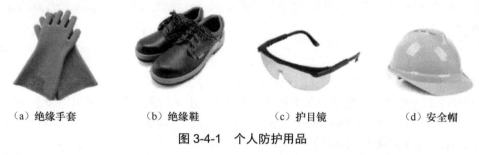

（a）绝缘手套　　　　　（b）绝缘鞋　　　　　（c）护目镜　　　　　（d）安全帽

图 3-4-1　个人防护用品

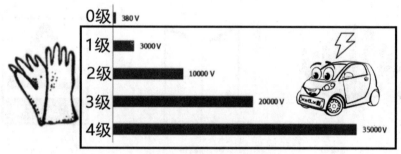

图 3-4-2　绝缘手套电压等级

还需要注意，在使用绝缘手套之前必须进行测漏检查。

绝缘鞋主要用于防止高压电通过大地与人体形成导电回路，从绝缘性能要求上讲，只要符合 1kV 以下的绝缘标准即可，与普通电工的绝缘鞋差异不大。但还需要考虑在搬动部件时，万一不慎砸伤脚的情况。因此，绝缘鞋鞋面要有一定的承重量。

护目镜可防止腐蚀液体或电弧伤害眼睛。绝缘帽可以防止头部触碰到高压线缆。绝缘服可以防止身体接触到高压线缆。高压维修防护如图 3-4-3 所示。

（2）场地防护标志和设备

图 3-4-3　高压维修防护

【大万说】老师，您讲的防护知识我们都知道了，抓紧时间给我们讲如何检查车吧！

【叶博士笑道】心急吃不了热豆腐！还有重要内容没讲呢！

安全防护不仅针对操作技师个人，还针对场地。一方面，整车要停放在有绝缘垫 [见图 3-4-4 (a)] 的车位上（绝缘垫的绝缘电压不低于 1000V）。另一方面，操作过程中，无关或没有进行安全防护的人员禁止进入场地或动手操作。所以，在工作场地还必须放置绝缘垫、隔离带和警示牌等车间防护设备，如图 3-4-4 (b)、(c) 所示。

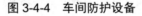

（a）绝缘垫　　　　　　（b）隔离带　　　　　　（c）警示牌

图 3-4-4　车间防护设备

【叶博士笑道】这是不是就可以开始了？且慢，欲速则不达，还有工作要做，即安全防火和防触电检查和准备。

由于动力电池含有化学物质，加上有高压电，如果操作不当造成短路，不仅有可能造成操作人员触电等人身安全问题，还有可能发生火灾。虽然近年来电池技术快速发展，其安全防护性能有了很大的提升（如比亚迪电动汽车的刀片电池），但为了安全，必须在操作车间（场所）放置相关消防设备及防护设备，如图 3-4-5 所示。

需要注意的是，一旦由于短路（或其他原因）导致火灾，一定要使用干粉灭火器进行扑救。如果出现人触电的情况，在没有断电的情况下，切勿直接上手拉人，而要使用绝缘救援钩 [见图 3-4-5 (b)] 拉人或断开电源实施救援。

（a）干粉灭火器　　（b）绝缘救援钩

图 3-4-5　车间消防设备及防护设备

3. 工具及检修仪表

【叶博士说道】上述讲的主要是安全，接下来就要讲解实际问题了。常言道："工欲善其事，必先利其器。"

（1）绝缘工具

无论是新能源汽车的检测还是维修，在操作层面上，其实和燃油汽车的相似，也需要拧螺丝、卸卡簧、动扳手等。从工具类型而言，二者基本相同，但由于新能源汽车车内有高压电，所以燃油汽车的工具是不能直接使用的，必须使用绝缘工具。

绝缘工具在规格、尺寸和标准上与普通工具相同，所不同的是在操作端加有绝缘保护层，普通工具与绝缘工具的比较如图 3-4-6 所示。很显然，在这两种工具中，绝缘工具的绝缘防护更加严密。

需要注意的是，由于绝缘工具是在戴绝缘手套的前提下使用的，尤其是夏季出汗会导致操作不便，加之绝缘保护层多为塑料，时间长了或遇尖锐器件划刺，容易造成破损而导致绝缘度下降。因此在使用时要注意：绝缘工具应避免高温烘烤，以防手柄或绝缘保护层变形；在使用或存放时应避免利器割裂绝缘保护层；在佩戴绝缘手套时，先戴一副棉纱手套用以吸附手汗，也可操作时在绝缘手套外加戴一副帆布手套或羊皮手套，以防导线或电缆的断口划破绝缘手套，从而导致触电；避免绝缘工具接触油类或溶剂类液体；绝缘工具应定期进行耐压试验。新能源汽车常用的绝缘工具套装如图 3-4-7 所示。

图 3-4-6　普通工具与绝缘工具的比较

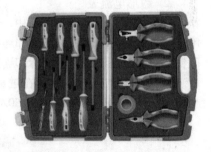

图 3-4-7　绝缘工具套装

总体上讲，凡是燃油汽车所具有的常规、通用工具，新能源汽车一般都有类似的绝缘工具。但类似用于发动机、变速器维修和检测的专用工具（如缸压检测仪等），新能源汽车是没有的。

（2）检测仪表与专用工具

在现代汽车检测与维修中，除了运用良好的专业知识、日积月累的经验，还需要使用先进的检测设备和仪器。它们可以使我们更加准确地定位和量化故障信息，以提升检测与维修的精准度和工作效率。

由于新能源汽车以电力为能量主体，在故障反应上多与电有关，因此，需要有一些专门用于电路检测和电流测量的仪器，主要如下。

① 数字万用表

【叶博士】数字万用表是最常见，也是最常用的检测仪器，如图 3-4-8 所示。数字万用表在对燃油汽车与新能源汽车进行检测、维修时均会使用到，但二者有一些差异需要注意。一是用于燃油汽车的数字万用表无须绝缘，而新能源汽车所使用的表外壳必须绝缘。二是燃油汽车检测用电压（无论交流或直流），最大挡位均可为 500V，而新能源汽车的电压挡最大值不能低于 1000V。

图 3-4-8　数字万用表

② 钳形电流表

在新能源汽车检测、维修中，电流测量是一个重要检测内容。由于传统电流检测通常采用串联方式进行，而串联需拆卸连接线束，不仅有一定的操作难度，而且有一定安全风险，但钳形电流表可以在不需要拆卸连接线束的情况下直接进行测量。图 3-4-9 所示为某款钳形电流表及其测量方式。同样，在进行电流测量时，一定要注意测量挡位应高于预估电流值（如预估 20A，则挡位应为 30A 或 50A）。

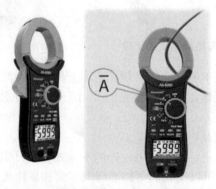

图 3-4-9　某款钳形电流表及其测量方式

③ 绝缘电阻表

在新能源汽车检测与维修中，绝缘电阻测量是一个重要的环节。由于正常车辆的绝缘电阻都比较高，而新能源汽车出现的很多故障都与部件绝缘电阻下降或短路有很大关系。如某根线束绝缘套破损，导致金属部分与外壳短路，就会造成绝缘电阻为 0。一旦绝缘电阻下降，就会导致车辆很多部件无法正常工作，从而报警。因此，了解、学习和正确使用绝缘电阻表，有助于快速检查和检测。图 3-4-10 所示为某款绝缘电阻表。其中，图 3-4-10（a）所示为传统绝缘电阻表（简称摇表），图 3-4-10（b）所示为指针式绝缘电阻表，图 3-4-10（c）所示为数字式绝缘电阻表。三者功能基本相同，但操作方式有差异，在实际工作中均有应用。

（a）摇表　　　　（b）指针式绝缘电阻表　　（c）数字式绝缘电阻表

图 3-4-10　某款绝缘电阻表

【叶博士】希望同学们要学会这些仪器和设备的使用方法，虽然以后在工作中不一定都能遇到，但"技多不压身"，多掌握一种技能，一定有助于能力的提升！

④ 电池内阻检测仪

动力电池是新能源汽车的重要组成部分，由于其材料、组成和性能都比较复杂，因此，在新能源汽车行驶过程中，源自动力电池的故障占比较多。另外，由于电池的材料特性，在经过多次充、放电之后，有可能出现整体性能衰减，但组成电池的各个单体衰减的程度不尽相同。所以，对电池内阻进行测量，有利于尽快发现电池性能的变化和故障点。图 3-4-11 所示为两款电池内阻检测仪。

（a）台式智能电池内阻检测仪　　（b）手持式电池内阻检测仪

图 3-4-11　两款电池内阻检测仪

⑤ 其他检测设备

解码仪。在燃油汽车和新能源汽车检测和维修中，解码仪（汽车计算机诊断仪）是对车辆故障进行精确的检测并提供量化数据的重要手段。需要注意的是，解码仪分为通用解码仪和专用解码仪两类。通用解码仪主要针对车辆常见的和一般的故障，而专用解码仪则用于对某款特定的车型进行检测。

除此之外，如通用解码仪、示波器（见图 3-4-12）等检测设备，在对高端车辆复杂线路进行检测时，也是必需的。其技术性能和使用方法，在后文将陆续予以介绍。

 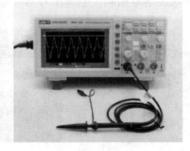

（a）通用解码仪　　　　　　　　　　（b）示波器

图 3-4-12　汽车检测设备

【大万】总算讲完了！

【叶博士】呵呵，大万，欲速则不达！技术都是建立在牢固的基础之上的，一定要将基础打牢，这样学习才会更有成效！

4．商务接待

无论是正常车还是故障车，检查之前都要办理相关商务接待手续。主要内容如下。

（1）填写标准售后接待登记表，分为线上预约和线下直接到店两类。其基本格式与燃油汽车的售后接待登记表相仿。

【叶博士】商务接待看似简单，但很重要，既需要规范接待，又需要良好的沟通技巧。但接待和沟通技巧不在本书讲解范围内，同学们可以参考关于"五个职业能力学习"的相关资料。

（2）商务沟通。在了解车辆基本信息之后，就需要与车主进行沟通，主要如下。

客户来店目的：如正常保养、故障排除。

【叶博士】确定车辆现状，如保养，则确认车辆正常；如故障，则确定故障现象，如是否可以正常行驶等，切勿在未了解车况的情况下贸然启动车辆！否则极易在造成严重后果后因责任不清而导致损失。

确定服务项目和费用。无论是正常保养还是故障检修，都需要在明确服务项目的同时，给出相应的参考价格。

【大万问】老师，如果是故障检修，并且没有检查出问题，怎么才能报出价格？

【叶博士答】大万考虑问题的逻辑越来越好了，值得表扬。这个问题问得很好，报价的时候确实没有开始检查，但无论是维修技师还是客户经理，都必须具有良好的专业知识，通常根据客户描述和仪表盘显示，基本上就可以判断出故障的大致所在，因此，必要的维修项目和参考价格必须告知客户。

【小朱】这对客户经理的专业要求也很高呀！看来，学技术真的不能马虎，否则连客户服务都做不好！

5. 车辆检查

【叶博士】接下来"言归正传"，介绍关键内容。对于进行整车维保和故障检修的新能源汽车，其检查通常分为3个部分。

（1）静态环车检查

静态环车检查在商务接待后进行，在4S店中，通常由客户经理进行。在连锁门店，则由技师全权负责。静环车检查主要根据标准环车检查表进行，分为车身和车内两个部分。车身可分为5个部分（前侧、后侧、左侧、右侧、车顶），如图3-4-13所示。主要检查车身有无损伤，并做登记。

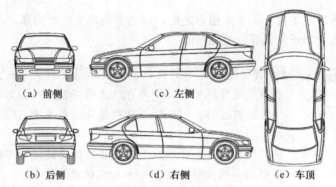

（a）前侧　　　　　（c）左侧

（b）后侧　　　　　（d）右侧　　　　　（e）车顶

图 3-4-13　车身位置

在做车内检查时，首先需要当着车主的面套上"三件套"（驾驶位坐垫、脚垫、方向盘套）；其次在检查车内手套箱和行李舱之前，一定要征得车主的同意，之后方可进行。静态环车检查可按照表 3-4-1 所示的内容进行。

表 3-4-1　　　　　　　　　　　　　　　**静态环车检查**

车内检查项目	（1）检查安装"三件套"
	（2）登记里程，检查仪表，检查是否有故障灯亮，等等
	（3）检查各开关工作情况（如升降各个车门玻璃）
	（4）检查雨刮片及其功能，检查所有灯光
	（5）检查天窗及其功能（有天窗时操作）
	（6）检查手套箱内是否有贵重物品，如有及时交给车主
	（7）检查车内（如座椅及顶棚等）是否有损伤
车外观检查项目	（1）按照分区检查，车身外表有无损伤
	（2）检查四车轮（如轮毂、轮胎、气嘴等）
	（3）检查所有灯光外壳有无损伤
行李舱检查项目	（1）检查随车工具是否齐全
	（2）检查功放、音响及三角牌等是否正常或齐全
	（3）检查备胎是否正常

（2）静态部件检查

静态环车检查之后，从理论上讲，车主会将车辆交给 4S 店。此时，需要将车辆移至工位（含有举升机的工位），进行静态部件检查。检查内容如表 3-4-2 所示。

表 3-4-2　　　　　　　　　　　　　　　**静态部件检查**

机舱检查项目	（1）检查防冻液（是否少或过期）
	（2）检查插头、卡扣
	（3）检查高压线缆、高压组件是否出现破损
	（4）检查各个部件接头是否牢固、外表有无破损
举升机检查项目	（1）检查各球头、轮胎及制动器，以及底盘是否有泄漏和刮伤
	（2）检查减震器及缓冲胶

（3）动态检查

在完成上述两项检查之后，需要进行动态检查，主要内容如下。

启动车辆，进入"READY"状态，观察仪表盘是否有异常符号出现。

挂上前进挡位，缓慢启动，观察车辆有无异常。异常包括仪表盘显示故障、有异味、有异响等。一旦出现以上异常情况之一，要立刻下电，进行规范检查。

【大万叹气道】总算是讲完了！看上去这些检查也不是很难呀！

【叶博士说】同学们，常言道，"书山有路勤为径，学海无涯苦作舟"。学知识，心一定要静，尤其是专业技术方面的知识，不能一知半解，必须真正掌握。如上述所讲动态检查的第三项，如果是常规保养的车辆，就不需要做这项检查。另外，因为在静态环车检查环节，需要打开机舱盖，检查包括高压部件在内的设备，所以检查前需要进行如下操作。

6. 安全规范操作

除前述操作人员应具备的资质和知识之外，在完成静态环车检查之后，车主会将车辆交给 4S 店，在进行下一个检查项目之前，必须进行下电操作，具体如下。

（1）穿戴安全防护用品。

（2）关闭点火开关，将钥匙放入储物箱或置于带拉链的口袋中。

（3）断开低压蓄电池负极端子，将负极端子用绝缘胶布包裹好，将正极盖好。

（4）拆除维修开关，放置在安全位置。等待 5～10min 高压电容器放电。

注意：如果是正常保养，则可以在此基础上进行。如果是故障维修，还需要进一步进行操作保护。进行下电操作前，一定要详细阅读维修手册。

【大万问】什么叫维修开关？它有什么用处？

【叶博士】大万听得很仔细，马上就问这个问题。简单地说，维修开关是新能源汽车的特有装置，是车辆高压系统总开关，且是一个可以插拔后移动的装置，如图 3-4-14 所示。在对任何车辆内部部件进行检查操作之前，都必须将其拔出并保管好！（不同车型的维修开关在外形和尺寸上有所不同。）

图 3-4-14　维修开关

7. 注意事项

➤ 所有涉及高压部件的操作必须在下电后进行。

➤ 所有橙黄色的线束均带高电压，必须按照规范操作！

➤ 不得直接用水清洗高压部件。

➤ 高压插头上不可使用机油、润滑脂和触点清洗剂等。

➤ 所有松了的高压插头均需用绝缘胶带包裹完整。

➤ 损坏的导线必须更换。

➤ 佩戴电子健康维持装置（如心脏起搏器）的人不得检修高压系统。

➤ 必须使用产品认证的测量仪器和绝缘工具。

➤ 检修进水或融雪的高压系统时要非常小心，潮湿部件有带电的可能。

本节虽然只涉及车辆检查，但前期准备知识很丰富，叶博士给大家做了很详细的介绍，总结如下。

（1）【个人防护用具】新能源汽车常用的个人高压防护用具包括绝缘手套、绝缘鞋、绝缘服、护目镜、绝缘帽等。

（2）【安全防护设备】新能源汽车常用的车间消防设备及防护设备主要有干粉灭火器、绝缘垫、隔离带和警示牌。

（3）【工具/仪器】新能源汽车检修工具必须绝缘。常用仪器仪表主要有数字万用表、绝缘电阻表、钳形电流表和电池内阻检测仪。

（4）【维修安全要求】对新能源汽车进行维修作业前，必须先对车辆进行下电操作。不同车型的下电操作步骤可能有所不同，下电前一定要详细阅读维修手册。

（5）【检查分类】车辆检查分为静态环车检查、静态部件检查、动态检查 3 部分。

【名师解惑】　　熊华老师

问题 1：绝缘手套的检查方法是什么？

问题 2：消灭电火灾使用什么灭火器？

问题 3：数字万用表的使用注意事项是什么？

问题 4：汽车检测仪表的使用方法是什么？

问题 5：新能源汽车的安全规范操作有哪些？

模块 4
关于驾驶新能源汽车

4.1 新能源汽车和燃油汽车的面板差异

【大万问】昨天老舅打电话和我说，他的纯电动汽车仪表盘上突然出现了一个黄色的类似乌龟的符号，他问我这是怎么回事。我说我也不知道。你们知道吗？

【同学讨论】小周："我知道，一般黄色的灯都是故障指示灯，说明车辆可能出现了故障。"小李："我也觉得是故障指示灯，但到底是什么故障就不清楚了，可能要使用诊断计算机来进行检测吧。"

【叶博士解答】同学们提到了"乌龟灯"，这是新能源汽车特有的图标。正好，下面讲解新能源汽车的仪表盘，我们一起来看看它和传统燃油汽车的差异有哪些？

1. 概念

【叶博士】汽车在行驶过程中，驾驶员会关注车辆的很多信息，比如车速、油耗、温度等。同时，汽车在行驶过程中一旦出现故障，汽车的计算机系统会将故障通过一定形式的符号显示出来，以便驾驶员及时了解和处理。因此，绝大多数汽车均设有仪表盘。虽然不同汽车的仪表盘形式和位置不尽相同，但均用于显示正常行驶和故障信息，通常会有常规及特殊显示内容。如都有车速表、行驶里程数表等。但燃油汽车和新能源汽车（尤其是电动汽车）的仪表盘显示内容差异相对较大，比如燃油汽车的仪表盘会显示发动机转速表，而电动汽车的仪表盘不会显示发动机转速表，但对应有电能消耗表。

随着汽车智能化和电动化，汽车仪表盘由传统的指针式发展为液晶式，由物理方式（指针、灯泡等）显示到数字化显示，由位于驾驶位到居中甚至是 HUD（Head Up Display，抬头显示器）。

2. 汽车仪表盘类型

（1）指针式仪表盘

以机械物理方式显示的仪表盘，多用于早期的燃油汽车，如图 4-1-1 所示。在目前的市场上，仍有很多小微型、较低端的车辆使用指针式仪表盘。

图 4-1-1　指针式仪表盘

（2）液晶仿指针式仪表盘

随着技术的发展，液晶仿指针式仪表盘出现，如图 4-1-2 所示。在车辆启动后，该仪表盘的显示内容、形式和指针式的完全一样，但一旦熄火后，整个仪表盘处于黑屏状态（指针式仪表盘在车辆熄火后，指针仍清晰可见）。该仪表盘不仅可以仿真指针，还可以显示图形或数字等动态信息，如车辆行驶状态、性能等参数的显示较原有指针式仪表盘有较大提升。

图 4-1-2　液晶仿指针式仪表盘

（3）数字式仪表盘

随着信息技术的发展，以数字形式显示车辆行驶信息，已经成为现代汽车仪表盘的首选方式，如图 4-1-3 所示。

图 4-1-3　数字式仪表盘

3. 信息显示类型

在车辆行驶过程中，有很多信息需要被驾驶员知晓。这些信息中，有的属于车辆正常行驶信息，如温度、转速（燃油汽车）、耗电量（电动汽车）等；还有车辆出现故障时所显示的信息，如温度升高、燃油不足、电力不足等。这些信息又根据对行车安全的影响而分为提示报警和严重报警，这些不同的信息会以不同颜色显示。

（1）绿色指示灯

绿色指示灯是状态指示灯，用于告知驾驶员车辆处于什么工作状态。例如，自动变速器的挡位显示、电动汽车中的"READY"等。绿色符号为正常行驶符号。

【大万笑问】只有绿色，而没有其他颜色，就可以放心大胆地开，是吧？

（2）黄色指示灯

黄色指示灯是故障指示灯，仪表盘中某个黄色指示灯点亮是在告知驾驶员该车的某个功能出现了问题。例如防抱装置（Antilock Braking System，ABS）指示灯点亮，就意味着ABS已经不再起作用了。如轮胎气压不足报警，表示某一个轮胎气压低于标准值，需要检查和处理。

（3）红色指示灯

红色指示灯一般情况下为危险报警灯，红色指示灯一旦点亮，如果对它置之不理，在后续行驶过程中可能会对车辆本身造成很大的损害，还可能会对行车安全造成影响。如机油报警指示灯点亮，表示机油压力不足（如漏机油）。一旦机油存量低于极限值，就会造成"拉缸"（发动机损坏）。

【叶博士】对驾驶员而言，要注意车辆行驶过程中仪表盘上出现的警告指示灯。作为维修人员，在维修前一定要与车主沟通，了解是哪种指示灯亮，不要贸然启动车辆而造成重大损失！切不可"大意失荆州"。

4. 车辆仪表盘常见指示灯

【叶博士笑道】仪表盘指示灯看似简单，但"说来话长"，如要将所有符号全部讲清楚，一是记不住，二是估计还没有讲完你们就睡着了。

（1）表格说明。汽车仪表信息不仅数量多，且不同系列的车还有不同的情况。对车主和维修人员而言，所要掌握的内容也不尽相同。因此，下面将仪表信息分为3类，即燃油汽车和新能源汽车常见符号、燃油汽车特定符号、电动汽车特定符号。

（2）汽车仪表盘中常见符号及含义如表 4-1-1 所示。

表 4-1-1　　　　　　　　　　　　　汽车仪表盘中常见符号及含义

序号	名称	显示	颜色	含义
1	车门状态指示灯		黄	车门未关闭指示，车门打开或未关闭好时，该灯亮起，以提示车主，车门关闭好后熄灭
2	安全带指示灯		红	安全带状态指示，未插安全带时点亮，安全带插入后熄灭
3	驻车（手刹/电子驻车）指示灯		黄	驻车制动（手刹/电子驻车）拉起，此灯点亮。关闭后，自动熄灭。部分车型，刹车液不足或刹车系统出现故障时此灯会点亮。符号多含字母 P
4	清洗液指示灯		黄	此灯点亮，表示风挡清洗液即将耗尽，应及时添加清洗液
5	胎压报警指示灯		黄	该灯亮起说明 4 个（或某个）轮胎胎压不在正常范围，需检查轮胎是否漏气、缺气。部分车型还会提示车胎气压不足，并显示实际胎压值
6	电动助力转向故障指示灯		黄	转向系统警告灯亮起，说明转向系统出现部分失灵，转动方向盘力矩可能增大
7	ABS 指示灯		黄	接通电源后亮起，3～4s 后熄灭，表示正常。不亮或长亮则表示 ABS 系统故障，此时可低速行驶，但应避免急刹车
8	车身电子稳定控制系统（ESP）故障指示灯		黄	此灯长亮则表示 ESP 故障，此时可低速行驶，但应避免急刹车
9	低压电池指示灯		黄	显示 12V 蓄电池工作状态。接通电源后亮起，3～4s 后熄灭。若长亮，应立即检查

【大万笑问】老师，我有几个问题，首先顺序有什么讲究？其次按理是先黄色再红色，为什么这里是红黄交错排序？

【叶博士鼓掌】真是"后生可畏"呀！能发现这两个方面，说明大万的进步真的很大。

上述符号中，需要注意的事项如下。

① 符号 1～3 表示车辆启动之后必须做的 3 件事，即关门、佩戴安全带、松手刹（含电子驻车），方可上路。但由于技术的进步，很多使用了电子驻车的车辆，在无须关闭电子驻车的情况下，挂上前进挡之后，踩加速踏板（或电门）车辆就可自动关闭电子驻车开始行驶。

② 符号 4～5 一旦出现，车辆仍可以行驶，只是需要在驾驶员方便的时候加以处理。

③ 符号 6～9 一旦出现，表示车辆存在故障，但仍可维系低速行驶，此时，驾驶员应直接前往维修店处理。

（3）燃油汽车仪表盘中特定符号如表 4-1-2 所示。

表 4-1-2　　　　　　　　　　　　　　燃油汽车仪表盘中特定符号

序号	名称	显示	颜色	含义
1	机油指示灯		红	发动机机油压力显示，此灯亮起表示润滑系统失去压力，可能有渗漏，此时需立即停车、关闭发动机进行检查
2	冷却液温度指示灯		黄	此灯点亮报警时，表示发动机冷却液温度过高，应及时停车并关闭发动机，检查原因或询问修理店，明确原因并做适当处理后去维修店解决
3	发动机自检灯		黄	指示发动机工作状态。接通电源后亮起 3～4s 后熄灭，表示正常；不亮或长亮，表示发动机有故障，需及时进行检修

（4）电动汽车仪表盘中特定符号如表 4-1-3 所示。

表 4-1-3　　　　　　　　　　电动汽车仪表盘中特定符号

序号	名称	显示	颜色	含义
1	启动正常指示灯	READY	绿	车辆启动后，所有指示灯被点亮，3～4s 后熄灭，只剩"READY"符号。表示车辆正常，可以行驶
2	"龟速"指示灯		黄	此灯点亮，表示车辆电量不足（限额视车型而不同），进入"龟速"状态，即车辆只能以较低速度行驶（限速视车型而不同）
3	外部充电指示灯		红	此灯点亮，表示车辆已连接外部电源，此时严禁车辆行驶
4	动力电池电量不足警告灯		黄	电量过低时点亮，以提醒车辆需要及时充电
5	电控系统故障指示灯		黄	行驶中若该指示灯点亮，请在确保安全的情况下靠边停车，并联系销售商进行检修
6	动力电池故障指示灯	HV	红	此灯点亮，动力电池可能存在故障，需要慢速行驶并及时维修。如感觉到明显故障，则停车报修
7	动力电池绝缘过低指示灯	HV	红	电池内部高压部分存在漏电，当这个故障灯点亮时，车已经不能动了，整车高压电被切断输出
8	动力电池过热指示灯		红	夏季，热量散不出去就会出现电池包高温，导致车辆不能充电或者行驶。需要静置，待温度下降后恢复正常
9	驱动电机或控制器过热故障指示灯		红	通常为驱动电机散热系统故障，需要停车检查

【叶博士提醒】同学们注意，表 4-1-3 内符号 2 看上去类似"乌龟"，称为"乌龟灯"。当此灯点亮时，表示车辆电量不足，如果继续行驶，一方面速度会有所降低（具体限速视车型而不同），另一方面会限制一些非必要用电，如空调。故如出现乌龟灯点亮，而发现空调不工作时，不要急于确定空调出现故障，而要及时充电。充电完成后，乌龟灯熄灭再测试空调是否正常！

【小朱】我还以为车里真有乌龟呢。哈哈！

本节，叶博士带同学们了解了汽车仪表盘的类型，并介绍了新能源汽车和燃油汽车仪表盘的差异，这里做个总结。

（1）【基础知识】车辆仪表盘的作用和发展。

（2）【指示灯颜色】一般汽车仪表指示灯有 3 种颜色，分别为红色、黄色、绿色，其中红色级别最高。当车辆的红色或者黄色故障指示灯亮起，请立即到 4S 店对车辆进行检查和维修。

（3）【共有信息】无论是燃油汽车还是电动汽车，其仪表盘都有一些相同的符号，要注意并熟记这些符号的含义，以便正确操控车辆。

（4）【新能源汽车特有符号】对新能源汽车特有符号需要加以了解，以便于驾驶和维修。

【名师解惑】　钟明方老师

问题 1：新能源汽车的组合仪表盘跟传统汽车的组合仪表盘有什么区别？

问题 2：燃油汽车的仪表盘中有电机过热故障符号吗？

问题 3：燃油汽车的仪表盘中有动力电池过热符号吗？

问题 4：燃油汽车的仪表盘上有驱动电机功率显示符号吗？

问题 5：哪些是新能源汽车才有的故障符号？哪些是燃油汽车才有的故障符号？

4.2　新能源汽车的操控特点

【大万问】老师，今天开学，我爸开着燃油汽车送我报到，进入市区后，看到几辆挂绿牌的小车超我们的车（见图 4-2-1），把我气得够呛！这么小的车，还能超燃油汽车！这是为什么？

图 4-2-1　绿牌车超燃油汽车

【同学讨论】小朱："哈哈，你也知道被超车不爽啦！叫你舍不得加油呢！"小周："好像不是加油那么简单吧。"小李："是不是小车轻呀？"

【叶博士解答】今天同学们提了一个很有意思的问题。车轻不代表提速快，如果是小型燃油汽车，就不会超过你家的奥迪车了。这是有一定道理的！呵呵！

1. 基本概念

众所周知，在不考虑混合动力汽车的情况下，新能源汽车的一个重要特点就是以电能替代燃油，以电机驱动替代发动机驱动。除了能源消耗、废气排放这些本质的区别之外，在车辆性能上，其各自的驱动方式不同、驱动装置性能不同，导致整车性能也有所不同。

正是由于两种车型的动力性能不同，因此在操控车辆时，会有一定的差异。作为从事新能源汽车售后技术服务的工作人员，必须了解二者之间性能的差异，掌握其基本的操控方法。

2. 燃油汽车与电动汽车的动力结构与性能比较

（1）燃油汽车的动力特点

【小朱说】这我知道，燃油汽车是通过发动机带动变速器来驱动车辆的！

【叶博士笑道】看来小朱已经掌握一些基础知识了。接下来我们先看一下燃油汽车的动力结构。

如图 4-2-2 所示，发动机通过燃油的燃烧，推动活塞杆上下运动，传导至曲轴输出，再通过变速器挡位变换，传输到减速器，进而驱动车辆行驶。燃油汽车技术经过 100 多年的发展，这种将燃烧的热能转化为机械能的技术已经非常成熟。但仍有两点没有发生根本性变化，其一是从燃烧到驱动的相关结构没有变；其二是该结构在动力传输过程中需要时间，因为任何环节都不能少。

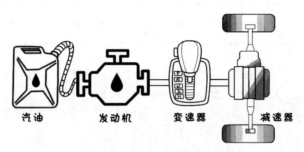

图 4-2-2　燃油汽车的动力结构

【大万问】老师，这个原理似乎有道理，但不太好理解，能不能简单讲述？

【叶博士】好，简单来说，衡量汽车动力通常有两个指标，即扭矩和功率。扭矩表示车辆的加速性能，俗称"推背感"。其指标就是车辆车速从 0 ~ 100km/h 所需要的时间。功率就是指车辆能开多快，即里程表上的最高速度。所以一般燃油汽车提速时间能在 8s 以内就很好了，对燃油汽车而言，每降 1s 都有很大难度。

（2）电动汽车的动力特点

电动汽车的动力结构如图 4-2-3 所示。从图中可以看出，相对燃油汽车的动力结构，它少了变速器。

电动汽车由电力驱动，驱动电机可以在低转速时提供最大扭矩，同时电传输时间和燃油被燃烧再转换的时间完全不在一个量级。并且电动汽车减少了变速器，在传动结构上更加直接。所以，我们看到电动汽车的加速性能比燃油汽车的好。表 4-2-1 所示为部分电动汽车的百千米加速时间。

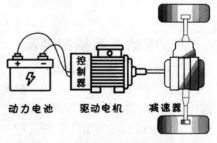

图 4-2-3　电动汽车的动力结构

表 4-2-1　　　　　　　　　　　部分电动汽车的百千米加速时间

品牌	车型	百千米加速时间/s
特斯拉	Model S	3.8
长安	前途	4.6
宝马	i3	7.3
比亚迪	唐	4.5
蔚来	ES8	4.37

【小李问】老师，为什么电动汽车不需要变速器呢？小蚂蚁的参数为什么是 50km/h，而不是百千米？

【叶博士回答】关于驱动电机和发动机性能比较和工作原理，将在后续内容中讲解。这里说说这个 "*"。其实小蚂蚁的百千米加速时间大约是 17s。在本节开头，大万说，在市区里，他家的燃油汽车被绿牌小车给超了。注意，这里强调的是市区，市区中通常的行驶速度为 30～80km/h。在这个区间，由于电动汽车驱动电机加速快的特点，很容易超过大多数燃油汽车。但是一旦速度超过 80km/h，电动汽车的加速时间的优势就没有了。

【大万挠头】怪不得，在高速公路上很少看到被电动汽车超车的情况！

3. 电动汽车操控基础

（1）新车"磨合"须知

电动汽车需要磨合？是的。虽然电动汽车是使用驱动电机驱动的，但驱动电机仍是机械部件。此外，还有制动、减速传动装置等。燃油汽车主要磨合发动机和变速器，其磨合距离和时间相对较长。电动汽车磨合期一般为 3000km 或 3 个月。

在磨合期最重要的就是控制车速，避免车辆高速行驶。另外，电动汽车的车速是由驱动电机转速决定的，而驱动电机转速是由电池放电电流控制的。电池放电电流过大，容易使电池损坏。一般来说，在电动汽车磨合期内，要避免车速超过 100km/h。

由于电动汽车起步加速很快，一些车主在购买电动汽车后，会迫不及待地体验一把冲出去的推背感，这种做法很不正确。

（2）挡位和仪表盘信息认识

① 挡位形式

电动汽车挡位形式基本与燃油汽车的相似，其挡位多为怀挡、旋挡和手挡 3 类，如图 4-2-4 所示，也有少数电动汽车采用按键式挡位。

(a) 怀挡　　　　　　　　　　(b) 旋挡　　　　　　　　　　(c) 手挡

图 4-2-4　电动汽车挡位种类

② 挡位

电动汽车的和燃油汽车的挡位大致相同，有 D——前进挡，R——倒车挡，N——空挡，P——停车挡（有的车将 N 挡和 P 挡合并）。部分车型还配有 S 挡——运动挡。如江淮 iEV6S 电动汽车，就有 S 挡，如图 4-2-5 所示。

电动汽车上述 3 个挡位的使用方法、仪表显示和注意事项与燃油汽车的基本相同。

图 4-2-5　江淮 iEV6S 电动汽车 S 挡

③ 仪表信息显示

车辆仪表信息在 4.1 节中已经介绍，如果是新手，需要对 4.1 节进行全面学习。如有基础，则需要重点了解电动汽车仪表盘上的特有符号，如启动正常状态"READY"、剩余电量（有的车型直接用中文数字表示）、驻车符号等。

4. 电动汽车操控

（1）启动

上车后，关闭车门，系好安全带。踩下刹车，摁启动按钮（含有"Start"或中文"启动"标志）。仪表盘上所有指示灯全部点亮，约 3s 后，陆续熄灭，仪表盘呈现绿色"READY"（有的车型显示中文"起动准备完毕"），驻车符号依然呈点亮状态，表示车辆自检正常，可以行驶，如图 4-2-6 所示。

（2）起步

在观察车辆周围均无障碍和人员的情况下，踩下刹车，将挡位从 N 挡旋（拨或拉）至 D 挡，打转向灯，右脚慢慢松开刹车，车子开始缓慢移动。待车辆进入主道，回位方向，右脚踩电门加电即可正常行驶。

（a）中文显示　　　　　　　　　　（b）英文显示

图 4-2-6　电动汽车启动准备信息显示

【叶博士提示】
① 电动汽车启动后，不会有燃油汽车的怠速，因此没有任何声音。
② 如为手刹，需要在起步前松开；如为电子驻车，则车辆起步后自动释放。
③ 转向灯在回位后一般会自动关闭；如未关闭，需要手动关闭。

（3）行驶

电动汽车正常行驶与燃油汽车基本相似，需要注意如下事项。

经济速度：和燃油汽车一样，电动汽车也有经济速度，一般为车速上限值乘以 60%。如某燃油汽车最高车速为 160km/h，则经济速度为 160km/h×60%=96km/h。通常车速为 100km/h 左右时油耗较少。同理，如某小型电动汽车最高车速为 120km/h，则经济速度为 120km/h×60%=72km/h，因此车速为 80km/h 左右时电耗较低。

【大万问】燃油汽车在高速行驶时，油耗较高。电动汽车是不是也有相同情况？

【叶博士笑道】大万都会举一反三了，这很好！和燃油汽车相比，电动汽车在高速行驶时，电耗会大幅上升。下面以江淮大众2021款思皓 E10X 电动汽车（见图 4-2-7）实车行驶情况为例。

图 4-2-7　思皓 E10X 高速电耗

行驶时间为 2021 年 10 月 15 日，道路为高速公路，车速为 110km/h，电耗为 14.2kW·h/100km。而同样时间段和路况，以 80km/h 车速行驶时，电耗只有约 8kW·h/100km，下降约 43.7%。

【小周紧接着问】老师，你反复强调时间，难道不同季节还有差异？

【叶博士】我现在越来越对你们刮目相看了。确实，电动汽车在不同季节行驶，其耗电量和电池性能也不同。请同学们查阅相关资料研讨。我将在后文讲解。

（4）制动与滑行

燃油汽车在滑行的时候，依靠惯性自然减速，而新能源汽车在滑行时，由于能量回收，驱动电机传动轴被动转动，因此产生了阻力，这个阻力让驾驶员或乘客都有减速感。这对刚接触新能源汽车的驾驶员而言，会很不习惯。严重的情况下很容易急踩刹车，造成驾驶员和乘客严重不适。

【大万问】制动不就是刹车吗？这在开车中是最基本的操作，还要单独讲？

【叶博士笑答】不知深浅，不得妄言。新能源汽车的一个重要的特点就是有能量回收功能。燃油汽车处于滑行或制动状态时，仍在消耗能量（怠速或制动产生热能）。而新能源汽车则利用滑行或制动中的惯性，带动驱动电机，此时的驱动电机变成了发电机。其原理在后文讲解。

建议：刚接触新能源汽车的驾驶员，在驾驶车辆时，先将能量回收功能关闭。待行驶一段时间后，再打开能量回收功能"弱"挡，体会在行驶中能量回收的感觉，一段时间后，置于"中"挡即可。

5. 充电

无论是电动汽车还是混合动力汽车，从理论上讲，只要是挂绿牌的车辆，均需要使用外部充电设备进行充电。因此，充电如同燃油汽车加油一样，是正常行驶中必不可少的环节。

（1）何时充电

【小李抢先回答】这个问题简单，电用完就充呗。

【叶博士说】没那么简单！举个例子，当燃油汽车油表和电动汽车电能表指示可行驶 50km 时，如果你是驾驶员，你会如何做？

通常在这种情况下，燃油汽车仍可以行驶 50km 及以上，而电动汽车就很难保证能行驶 50km。这就表明，电动汽车的充电不能完全等同于燃油汽车的加油。

（2）充电接口

新能源汽车有两种充电模式，即慢充和快充，其充电口如图 4-2-8 所示。根据车型不同，配置一个充电口，或两个充电口。通常电动汽车均配置两个充电口（慢充口和快充口）。插电式混合动力汽车配置一个充电口（慢充口或快充口）。外部充电装置和原理将在专门的部分加以讲解。

快充口　　　　　　　　　　　　　　　　　慢充口

图 4-2-8　新能源汽车充电口

（3）在哪里充电

【大万问】老师，充电还有那么复杂？找到充电桩，插上去不就好了？

【叶博士笑答】看来大万信心满满。我来问几个问题：到哪里充电？有充电桩就可以充电？用快充还是慢充？什么时候充电？……

【大万挠头】为了促进新能源汽车的发展，无论是国家还是地方，都积极支持充电桩的建设和发展，但目前尚无统一建设规范和标准。另外，在使用过程中，由于建设主体不同，其使用规范，包括定价等方面也有一定差异。

目前新能源汽车充电主要有 3 种模式，第一种是以电力部门为主体，分设在单位内部、公共场合，使用统一的 App 进行充电。第二种是社会充电，主要由社会力量建设的商业充电站，自成体系（使用第三方 App 充电），相对而言，价格较第一种略高。前两种充电模式都提供快充和慢充。第三种是家庭充电，多为自备车位或小区提供含电表的电源，按照民用电费用收费，但这类充电模式基本均为慢充。

【叶博士提醒】有两点需要注意：一是不是所有充电模式都可以使用同一种 App；二是即使都是慢充，由于类型不同，充电时间差异也较大，二类慢充要比三类慢充的充电时间长约 30%～40%。如思皓 E10X 电动汽车，在剩余电量为 10%的情况下，使用三类慢充需要充电约 10h，而同样的剩余电量如使用二类慢充则需要约 14h（充电模式将在后文讲解）。

（4）充电技巧

为了更好地使用动力电池，延长其寿命，在充电中要注意如下事项。

① 浅充浅放。从动力电池的性能和使用经验来看，在日常行驶过程中，充电宜浅充浅放，指放电至 35%～45%开始充电，充电至 90%～95%即可。

② 多慢少快。尽管目前电池技术已有很大进步，但从化学原理和充电特性而言，慢充对电池性能的影响较小。所以，在平时充电时，应尽可能采用慢充方式。具体而言，每个月充一次快充，其他均为慢充较好。

③ 深放深充。每个月需要对动力电池做一次深放，指电能消耗至 10%。同时，一个月至少要有一次将电充满。

（5）充电费用与使用技巧

在上述 3 种充电模式中，家庭充电收费依据民用电价格，其他两种多为使用 App。在使用时需要注意如下事项。

① 不同 App 收费不尽相同，即使是同一 App，在不同位置，价格也不相同。使用时需要事先查看价格。

② 慢充和快充的价格有差异，通常快充价格略高。如某省会城市"××充电"为电力部门充电 App，某单位内部停车场充电桩的慢充收费为 0.5 元/千瓦·时；快充收费为 0.6 元/千瓦·时，如图 4-2-9 所示。

③ 在不同时间段，同一充电站充电的费用也不一样。通常由电力部门管理的充电站会提供夜间峰谷电价。某市某充电站全天充电价格如图 4-2-10 所示。

④ 使用 App 充电，可以使用网络控制方式（遥控），即连接充电桩之后，等到最低电价时启动充电。但前提是充电桩必须是空闲的且不影响其他车辆充电。一般多为家庭使用的充电桩。

图 4-2-9　某市电力部门充电 App 慢充价格

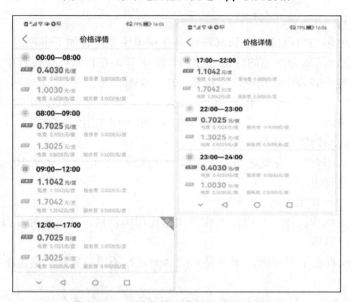

图 4-2-10　某市某充电站全天充电价格

【大万擦汗】原来充电也不是这么简单呀，真是"学海无涯"。

在本节中，结合同学们的讨论和提问，叶博士给我们讲解了新能源汽车操控的特点。在这里，就讲解的内容做个总结。

（1）【差异】燃油汽车与电动汽车能量来源和提供动力的方式不同，性能上亦有差异。

（2）【注意】磨合期注意控制车速，避免高速行驶；按时保养检修；正确充电；安全驾驶。

（3）【操控】新能源汽车的操控方法基本如同燃油汽车，但要注意能量回收。

（4）【充电】充电模式有快慢之别，不同运营商，其运营价格有差异。

【名师解惑】　钟明方老师

问题 1：新能源汽车都可以上绿牌吗？

问题 2：电动汽车和燃油汽车的区别是什么？

问题 3：新能源汽车的能量回收是什么意思？

问题 4：电动汽车对驱动电机的使用要求有哪些？

问题 5：新能源汽车的快充与慢充有什么区别？

4.3　购买新能源汽车的注意事项

【大万问】前两天邻居刘叔想购买一台新能源汽车，来咨询购车注意事项。虽然我也学了一些新能源汽车的知识，但真要用时还是有点蒙，不知该如何回答。同学们知道吗？

【同学讨论】小周："一定要检查车辆手续是否齐全。"小李："需要检查车辆状态。"……

【叶博士解答】近年来，新能源汽车市场发展很快。很多人都关心如何购买新能源汽车。同学们也提到一些关注点，下面来深入分析和了解相关知识。

1. 选择纯电还是混动

选购新能源汽车，不仅要关心使用成本和环保问题，还应综合考虑以下几个方面。

（1）出行需求：如果只是作为短途代步工具（如市区内上、下班），则小型纯电动汽车性能和经济性较好；如果有长途出行（如旅游）需求，就要考虑其续航能力，选择中型以上的电动汽车或混合动力汽车更加合适。

（2）充电与停车位：无论是纯电动汽车还是插电式混合动力汽车，都需要外部充电。在购买新能源汽车时，需要考虑充电是否方便。总体上讲，大城市的充电条件比小城市的要好得多。此外，如果停车位和经济比较宽裕，最佳方案是，买一辆纯电动汽车和一辆中型及以上的混合动力汽车。

（3）了解与试驾：事先了解拟选车型相关技术指标，主要有车速、续航里程、百千米耗电量、电机功率、充电器和控制器的技术参数、电池的品种和特性等。

【大万问】那么多指标，很多看了也不懂，比如驱动电机型号和参数，了解有什么用？

【叶博士】作为用户而言，在下面的内容中将重点介绍所关注的参数和性能。

（4）试驾了解性能。通过试驾对车辆性能、状况进行了解十分有必要。如刹车的制动性能、实际的行驶距离、恶劣工况下（如负载超重、上坡、路况较差）车辆的行驶状态等。

【叶博士提醒】事实上，多数销售企业对试驾设置了很多的限制条件。如试驾里程、时间都会限制在一个很短的里程和时间内。加之消费者本身对车型可能不是很熟悉，很难在限制条件内测试出完整的结果，比如实际行驶距离。通常电动汽车续航指标都在200km以上，而试驾距离不可能如此长。所以，不宜对试驾有过高期望。购买燃油汽车也是类似的。

2. 购置新能源汽车的优惠政策

2015 年以来，国家对新能源汽车的发展和推广大力支持，出台了相应补贴政策。近年来，由于技术发展和市场变化，相应的补贴政策也在不断地调整。需要注意的是：不同车型（指纯电动汽车和插电式混合动力汽车两种）、不同地区（分为国家补贴和地方补贴两种形式）、不同时间段，优惠和补贴政策都不完全相同。消费者在购买时，一方面要查阅国家和所在地的相关文件和政策，另一方面要和供应商仔细确认。表 4-3-1 所示为 2021 年新能源汽车补贴标准（供读者参考）。

表 4-3-1　　　　　　　　　　　2021 年新能源汽车补贴标准　　　　　　　　单位：万元

车辆类型	纯电动续驶里程 R（工况法、千米）		
纯电动汽车	$300 \leqslant R < 400$	$R \geqslant 400$	$R \geqslant 50$（NEDC 工况）/ $R \geqslant 43$（WLTC 工况）
	1.3	1.8	—
插电式混合动力汽车（含增程式）	—		0.68

需要注意两点：一是对于非私人购买或用于营运的新能源汽车，按照相应补贴金额的 0.7 倍给予补贴；二是所有车型补贴前的售价都需在 30 万元以下，但"换电模式"除外。

【大万问】什么叫"换电"？

【叶博士】大万对"换电"这个名词很敏感，说明对专业知识的理解越来越全面。简单而言，换电就是用充满电的电池更换已经基本耗完电的电池。但这里涉及换电技术和新旧电池的所有权，还有安全责任的认定事宜。这些内容将在后续课程中详细讲解。

除上述补贴政策之外，新能源汽车在上牌和使用过程中有较多的优惠，主要如下。

（1）上牌费用减免：主要免购置税、车船税等费用。

（2）免摇号优惠：在一些大城市购买车辆采用摇号方式，但如购置新能源汽车，则可免摇号。

（3）不限号：一些大城市会有不同时间段限号行驶的规定，新能源汽车可以免限号。

（4）免停车费：凡国有停车场，如公办医院等停车场，可以免费停放 2～5 小时/次。图 4-3-1 所示为某城市公立医院停车场新能源汽车优惠停车标志。

图 4-3-1　新能源汽车优惠停车标志

3. 购买新能源汽车验车及注意事项

在购买车辆过程中，无论是燃油汽车还是新能源汽车，重要的环节是验车。在外观、内饰、参数等方面，新能源汽车与燃油汽车基本相同，验车步骤主要如下。

（1）常规步骤

步骤一：车身漆面检查。首先观察车身漆面，检查车漆有无划痕、斑点、凹陷以及磨损，在充足光线下观察车漆有无色差，打开车门推拉几个角度观看反射光检查车身表面是否平整，有无修复痕迹。

步骤二：挡风玻璃生产年份检查。挡风玻璃的生产年份采用数字和符号表示，需要简单计算得出，如图 4-3-2 所示。

数字代表最近生产年份，点代表生产月份，如果点在数字左边，表示是上半年生产的，需用 7 减去点数，得出具体年份；如果点在数字右边，表示是下半年生产的，用 13 减去点数，得出具体年份。如果挡风玻璃距离新车生产日期太远，一年或一年以上，那么有可能是挡风玻璃被更换过。

步骤三：轮胎生产日期检查。一般轮胎外壁会有一组数字，由 4 位数字组成，前两位表示一年中的第几周，后两位表示年份，如图 4-3-3 所示。由于轮胎属于配套采购品，它们的生产日期大多和汽车生产日期不同，这影响不大，但如果轮胎生产日期距离提车日期已经有了一定年份，就值得注意了。

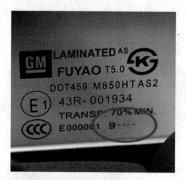

图 4-3-2　挡风玻璃出厂年份

图 4-3-3　轮胎生产日期

步骤四：内饰检查。坐进车内，观察内饰是否有使用过的痕迹、伤痕或污渍，闻一闻车厢内是否存在异味（如水泡车会有霉味）。

步骤五：车辆电气功能检查。主要检查车窗是否能正常升降、空调是否能制冷、出风口是否有异味、中控台是否能正常运行、雨刮器是否正常、灯是否能正常点亮、天窗是否能正常开启和关闭等。

步骤六：检查购车相关手续和文件是否齐全，如购车发票、合格证、车辆一致性证书、机动车登记证书、三保证明、车辆使用手册、新车交付确认表等。如果由 4S 店负责给车辆上牌、办理保险，那么还需要从销售员手上拿取保险单正本、保险发票、交强险发票、车船税发票、购置税发票、完税证明以及交强险标志。

（2）新能源汽车检查

新能源汽车检查除按照上述步骤之外，还要有一些特殊的步骤，主要如下。

步骤一：检查车辆铭牌。车辆铭牌除标注生产厂家之外，还标注主要部件标志（如动力电池和驱动电机），如图 4-3-4 所示，一般在车辆 B 柱下方。检查车辆铭牌时要注意看出厂日期是否较久远，一般来说，如果时间超过半年，这辆车很有可能是库存车或试驾车。同时，注意车辆铭牌的信息要与车辆合格证上的一致。

图 4-3-4　新能源汽车铭牌

步骤二：上电检查。将挡位置于 N 挡或 P 挡，驻车制动置于开启状态。启动车辆，观察是否所有车况指示灯点亮，并在约 3s 后自动熄灭，如图 4-3-5 所示。车辆进入启动状态后，要仔细听有无声音，因为此时驱动电机并未启动，车辆应该没有声音。如果有异常声音，一定有故障。

（a）启动自检　　　　　　　　　　　　　（b）自检完成

图 4-3-5　思皓 E10X 仪表盘启动状态

【大万说】老师，我看到了，启动后还剩下驻车没有释放，另外自检后显示剩余电量 82%。

【叶博士伸出大拇指】观察细致入微，孺子可教也！

步骤三：充电检查。静态时检查充电口（含慢充口及快充口）位置，充电口盖自锁功能（车辆上锁之后，充电口盖不能打开）。动态检查，即进行慢充（或快充），充电约5min，记录电池容量的变化，可以计算出充电时间是否符合技术说明书标准指标。误差范围为5%～8%均为正常。如充电5min后，剩余电量没有任何变化，则说明充电部分存在故障。

4. 新能源汽车充电设备

使用新能源汽车的重要条件是可充电。在购置新车时要关注充电设备的配置和使用。

（1）充电设备配置

通常，新能源汽车均配置了充电设备。如奇瑞小蚂蚁小型电动汽车免费配置二类充电枪一支、慢充桩（壁挂式）一个（并提供免费安装），如图4-3-6所示。

（a）二类充电枪　　　　　　　　（b）慢充桩（壁挂式）

图4-3-6　奇瑞小蚂蚁小型电动汽车的充电设备配置

（2）充电枪/桩的安装与使用

便携式充电枪充电电流一般为交流220V，8～16A，可以直接使用家庭常用的空调插座。而充电桩（壁挂式）的安装则需要小区物业的帮助。即使车辆销售企业可以免费安装，也需要经过客户所在小区的物业和相关电力部门的同意。在办理完相关手续之后方可安装使用。相关手续在各个地区不尽相同，需要客户在购买车辆前了解清楚。

（3）商业充电站及使用方法

除自带的充电枪或小区安装的充电桩之外，还要关注商业充电站及其使用方法，包括位置、充电模式和充电App。具体见4.2节相关内容。

【大万叹气道】没想到，买辆新能源汽车这么麻烦！

【叶博士笑道】在这个世界上，有什么事情是不需要任何付出就可以完成的？只有掌握了这些知识，才能在以后的工作中更好地为客户提供服务。

5. 新能源汽车购买费用支付、上牌等手续

新能源汽车和燃油汽车相同，购买之后，需要办理相关上牌手续方可正常使用。这里有一些注意事项。

（1）费用支付。现代购车，不仅只有直接付款一种，还有贷款、置换（以客户现有车折价加上现金）和置换贷（现有车折价加上首付再加上贷款）3种。在购车之前需要和销售人员详细沟通，最终确定购买费用支付方式。

（2）上牌手续。上牌需要带的证件：购车发票、车辆合格证、开发票的身份证或组织机构代码证及复印件、汽车参数表、汽车发票二联和四联、汽车购置税完税证明、汽车保单、交强险保单、其他完税证明，外地户籍人员还需要提供暂住证。

通常情况下，车辆销售门店均会免费代办上牌手续，需要客户提供上述资料，交由代办，也可以自行办理。

（3）根据购买车型的不同，通常销售企业都会有一定的优惠，如赠送地垫、车窗膜等，也会赠送维保工时等。这也需要客户在商务洽谈时加以了解和确定。

【叶博士小结】由于本书主要介绍新能源汽车的相关知识，有关营销方面的知识请参考相关教材，在此不赘述。

同学们，买车看上去很简单，但从叶博士给我们介绍的全部过程可以看出，还有很多需要注意的方面，这里，小助手做个总结。

（1）【优惠政策】购车补贴（插电式混合动力汽车和纯电动汽车两种车型的具体补贴数额不一样），充电补贴，各类福利。

（2）【验车步骤】常规检查与燃油汽车的相似，要重点关注新能源汽车的特有方面。

（3）【充电设备】确认随车配置，安装手续落实，工程实施。

（4）【费用和上牌】购车付款4种方式及购车优惠需要事先沟通。上牌可委托办理或自行办理。

【名师解惑】　钟明方老师

问题 1：为什么要购买新能源汽车？

问题 2：购买新能源汽车有哪些优惠政策？

问题 3：新能源汽车和燃油汽车每年的维保费有哪些不同？

问题 4：新能源汽车有几种充电模式？

问题 5：购买电动汽车应关注哪几项关键指标（常规指标除外）？

5.1 生活中常见的电池

【大万问】早就知道新能源汽车用电池为整车供电，燃油汽车不是也有电池吗？这两种电池有什么区别？和我们平时生活中使用的电池有什么不一样？它的个头很大吗？什么样的电池可以被新能源汽车使用？

【同学讨论】小李："那一定是南孚电池，1节更比6节强。"小周："不对！南孚电池有的是一次性电池，电量耗尽就要更换。新能源汽车用的电池肯定是可以反复充电的电池，就和我们手机上的类似。"小朱："可是手机的电池那么小，电压肯定低，用在新能源汽车上可能吗？"

【叶博士解答】同学们提到新能源汽车电池的几个方面，比如充电、体积、电压等，虽然不是很准确，但有一定道理。接下来我们就来了解一下。

1. 概念

什么是电池？电池就是存储电的容器。专业地讲，电池就是将化学能转化成电能的装置，如图 5-1-1 所示。

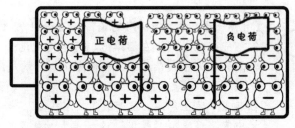

图 5-1-1 电池

【叶博士笑道】电池是不是像生活中装饭的碗呀？饭就是电，碗就是容器。当然，这只是一个形象的比喻！

2. 电池有哪些类型

根据性质可以将电池分为化学电池、物理电池、生物电池，如图 5-1-2 所示。

化学电池是指利用物质的化学反应产生电能的电池，如镍镉电池、镍氢电池、锂电池等。物理电池是指利用光、热、物理吸附等能量发电的电池，如太阳能电池、超级电容器、飞轮电池等。生物电池是指利用生物化学反应发电的电池，如微生物电池、酶电池、生物太阳能电池等。

（a）化学电池——镍氢电池　　　（b）物理电池——飞轮电池　　　（c）生物电池——酶电池

图 5-1-2　3 种类型的电池

【叶博士】通俗地说，化学电池通过内部反应产生电，物理电池靠外部力量产生电，而生物电池则靠生物化学反应来产生电。

【大万问】老师，前两种基本上懂了，第三种还是听不懂，什么叫生物电池？能举个例子吗？

【叶博士】"打破砂锅问到底"，这很好！听说过"沼气"吗？人们可能经常看到，在沼泽地、污水沟或化粪池里有气泡冒出来，如果我们划根火柴，可把气体点燃，这就是沼气。如果将这些沼泽或污水收集起来，放到一个大的容器中，经过若干天的发酵，在其出口装上管道，就变成了"沼气灶"，如图 5-1-3 所示。在农村中有很多这样的情况。这就是生物化学反应。

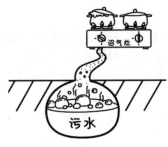

图 5-1-3　沼气灶

3．生活中常用电池

（1）手机电池

手机电池是为手机供电的储能部件，它由 3 部分组成：电芯、保护电路和外壳。手机电池一般用的是锂电池或镍氢电池，目前以锂电池为主，如图 5-1-4 所示。

图 5-1-4　手机电池——锂电池

（2）干电池

我们在生活中很难离开电池。除手机电池外，还有干电池，常指生活中常用的电池。常见的手电筒、收音机、收录机、照相机、电子钟、玩具、挂钟等使用的一般为干电池，同样，干电池和专用电池的区别，体现在国防、科研、电信、航海、航空、医学等各个领域。其主要介绍如下。

① 属性

常见干电池有普通锌锰干电池、碱性锌锰干电池、镁锰干电池、锂电池、锂锰电池等。在实际使用中，以如下 4 种为主。

a．锌锰干电池

它的正极为石墨棒，负极为金属锌圆筒，电解质为糊状氯化铵等物质。它的特点：价格低，容量低，不适合以大电流放电，电量耗尽后容易漏液。

锌锰电池会腐蚀金属部件。

小助手提示

若挂钟停摆，一检查，发现电池已经变软，甚至出现漏液，如不及时更换，会腐蚀金属部件。

b．碱性锌锰干电池

碱性锌锰干电池是以锌为负极，二氧化锰为正极，氢氧化钠或氢氧化钾为电解质，采取反极式结构制成的电池。碱性锌锰干电池比较重，具有大电流、大容量特性，是通用一次性电池中品质较高的电池。

c．锂电池

该电池能量与质量较大，但保存性极好，使用时比较安全，可在很多的便携式设备上使用。

d．氧化银电池

它以银的氧化物作正极，锌作负极，电解质有氢氧化钠和氢氧化钾两种，电流微弱，扣式电池密封性可靠，不漏液，适用于小电流设备，如手表、精密仪器等。一旦它的电量耗尽或过期，密封处就易生锈，使用时要注意。

② 充电

电池还分为一次性电池和可充电电池两种。一次性电池是指电池使用一段时间后电量耗尽，电池就作废了，只能丢弃或拆解。而可充电电池则可以在充电后继续使用。所以，同样尺寸的电池，可充电电池的价格为一次性电池的数倍。

③ 分类

干电池通常分为碳性电池和碱性电池两类，主要区别如下。

a．两者均为干电池，只是制作材料不同。

b．碳性电池亦称锌锰干电池，电量低，但价格低廉、使用安全，故应用广泛。由于它含有重金属镉，因此必须回收，以免对环境造成破坏。

c．碱性电池也称为碱性锌锰干电池，相对重于碳性电池，内阻小，电量大，环保，无须回收，但价格较高。它多用于价值较高的电子设备。

（3）区别

电池有不同的类型，在包装上也有不同的标志。

① 字母标志

电池外包装或外壳上通常具有字母和数字标志，如"LP03"中"L"表示碱性电池，"P"表示高功率，"03"表示7号电池。"R6C"中"R"表示圆柱形电池，"6"表示5号电池，"C"表示高容量电池。若第一位未标"C"，则表示普通碳性电池。图5-1-5所示为碱性高功率7号电池。

② 颜色标注

进口电池一般用颜色来区分，一般情况下，蓝底色为碳性电池，红底色为高容量电池，黑底色为高功率电池。充电电池的商标上还标有容量，即500mAh到1200mAh不等，以及镍镉、镍氢、锂等制式。可参考相关资料。

图 5-1-5　碱性高功率 7 号电池

（4）形状

电池因材料、容量、体积等指标不同，可分为很多种类。电池又因为用于不同的场合，所需要的形状也不同，即使是常见的圆柱形电池和纽扣电池，也有很多不同的规格和尺寸，图5-1-6所示为部分形状的电池。

5号干电池　　　纽扣电池　　　方形电池　　　可充电电池

图 5-1-6　部分形状的电池

小助手提示

几乎所有人都会接触到电池，其知识很多，也很难记。这里给大家一些提示！

在日常生活中，我们可以根据自己的用途进行购买。

容易安装的可以买普通型，难以安装的（如手表、车钥匙等）要买相对比较贵的产品。

看型号：有的电子仪器，使用特定的电池，无论是型号还是形状，一旦不符，都不能替换使用，所以购买之前一定要确定型号（最好拿旧的对照着买）。

掂分量：同样型号的电池，碱性电池比普通干电池要重很多。如 5 号碱性电池的质量多为 24g，5 号普通干电池的质量大约是 18g。所以，质量较大的电池，质量相对较好。

可充电：目前很多电子仪器都配置可充电电池，而且多使用标准接口，和手机的可通用。总之，虽然电池种类和材料很多，但普通人并不需要了解很深，满足生活中正常使用的需要即可。

4. 新能源汽车用什么电池

来说说燃油汽车的电池。

【叶博士】本模块开头，同学们问燃油汽车不是也有电池，现在我们来看看。

（1）燃油汽车的电池

燃油汽车确实配有电池，如图 5-1-7 所示。燃油汽车的蓄电池电压通常为直流 12V（属于安全电压），且多为铅酸电池。其作用主要为启动车辆，车内辅助用电（如音响工作、车窗玻璃升降、雨刮器工作、座椅自动调整等），与车辆动力无关。

图 5-1-7　奇瑞燃油汽车的蓄电池

（2）新能源汽车的电池的种类

新能源汽车的电池有两种。一种是为整车低压用电设备供电的 12V 低压蓄电池 [见图 5-1-8（a）]，其作用与燃油汽车的基本相似。另一种是高压动力电池 [见图 5-1-8（b）]，用于为整车高压设备及驱动系统提供高压电能。其电压、电力与容量等性能指标与汽车动力有直接的关系。

（a）12V 低压蓄电池

（b）高压动力电池

图 5-1-8　奇瑞大蚂蚁电动汽车的蓄电池和动力电池

（3）新能源汽车的动力电池的特点

动力电池分为铅酸电池、镍氢电池、锂电池等，它们在新能源汽车中以什么样的形式存在呢？由于动力电池是车辆的主要动力源，在现有技术条件的基础上还不能把动力电池的外观做成像传统燃油汽车 12V 低压蓄电池那样。如特斯拉 Model S 仅动力电池总重就为 900kg。这么重和大体积的电池，不可能是独立体，通常是多个电池模块的组合。动力电池模组的结构如图 5-1-9 所示。

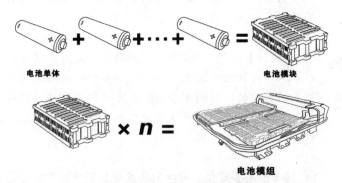

图 5-1-9　动力电池模组的结构

5. 传统燃油汽车的电池与新能源汽车的电池有什么不同

燃油汽车和电动汽车均使用 12V 低压蓄电池，其作用基本相同。动力电池的主要作用是为电动汽车驱动电机提供能量，是重要的动力来源，其结构、组成、工作原理和控制技术相对 12V 低压蓄电池而言要复杂得多，这也是我们接下来要学习的重点之一。

本节中，结合同学们的讨论和提问，叶博士给我们介绍了生活中的常用电池和新能源汽车使用的两种电池。小助手在这里做个总结。

（1）【定义】电池狭义上的定义是将其本身储存的化学能转化成电能的装置，广义上的定义为将预先储存起来的能量转化为可供外用的电能的装置。

（2）【分类】电池类型：化学电池、物理电池、生物电池。

（3）【生活用电池】生活中的常用电池以化学电池为主。

（4）【新能源汽车电池】新能源汽车使用的电池主要有 12V 低压蓄电池和动力电池两种。

【名师解惑】　乔鹏老师

问题 1：电池主要分为哪几类？

问题 2：什么是化学电池？

问题 3：干电池常分为哪两类？

问题 4：何为一次性电池？它在生活中常见的使用有哪些？

问题 5：新能源汽车一般有几种电池？其作用是什么？

5.2 新能源汽车常用的动力电池

【大万问】听说新能源汽车是通过高压电来驱动的，那么它用的电池是什么电池呢？应该不是普通的电池吧！我还听说过石墨烯电池和比亚迪的刀片电池，那又是什么呀？

【同学讨论】小周："新能源汽车用的一定是存电量比较高的电池，这样车辆的行驶里程就长。"小李："不对！我知道纯电动汽车有续航里程长的和短的，这两种车型的电池肯定不一样！不一定只有存电量高的电池才能用作新能源汽车的电池。"小周："那你说说用的是什么样的电池。"小朱："我也不知道。"

【叶博士解答】好啦，同学们请安静！同学们积极讨论的态度很好，提出的问题也很有价值。针对你们的问题，现在来给大家解答一下。

1. 概念

市场上常见的新能源汽车，一类是纯电动汽车，所用的能源完全由动力电池提供。"动力电池"这个名称来源于动力机械应用领域，是指为工具提供动力的电池，多指为电动汽车、电动自行车等电能驱动装置提供动力的电池。通常，这种电池较普通家用电池的体积和容量都要大。还有一类是混合动力汽车，其部分车型所使用的电池也是动力电池，从原理上讲它们基本相同。

2. 动力电池种类

新能源汽车所用动力电池主要包括铅酸电池、镍氢电池、锂电池、氢燃料电池等。

（1）铅酸电池

铅酸电池（目前燃油汽车 12V 低压蓄电池仍在用）是早期应用在纯电动汽车上并为其提供动力的电池。该电池用铅及其氧化物作为电极材料，用硫酸溶液作为电解液，低成本是其最大的特点。但其有两个缺点：一是比能量低，相同体积和质量，满电时行驶里程较短；二是使用寿命短。此外铅酸电池中的铅及硫酸溶液等化学成分对环境有较大的污染。

【大万问】什么叫"比能量"？

【叶博士笑答】大万反应很快，对关键字抓得很准，有点"一针见血"！

比能量指的是单位质量或单位体积的能量（W·h/kg 或 W·h/m³），是衡量电池性能的一个重要指标。比如前文所介绍的碳性电池和同样尺寸的碱性电池，后者电量高，即比能量高。对于新能源汽车的动力电池，这是一个很重要的指标。图 5-2-1 所示为奇瑞新能源汽车的动力电池指标，其中额定能量为 70.1kW·h，而产品质量约为 451kg，则比能量为 70.1kW·h×1000W·h/451kg≈155W·h/kg。

奇瑞新能源

S61EV电池包技术参数

技术特点：
· 高能量三元锂离子电池　·软包电芯

参数定义

额定电压(V)	344	电压使用范围(V)	255~400
额定容量(A·h)	204	充电温度范围(℃)	−20~55
额定能量(kW·h)	70.1	冷却方式	液冷
电池单体质量(kg)	0.77±0.02	防护等级	系统防尘等级IP6X 防水等级IPX8
执行标准	GB/T 31467.3−2015	整机重量(kg)	451(1±3%)

图 5-2-1　奇瑞新能源汽车动力电池指标

（2）镍氢电池

镍氢电池是 20 世纪 90 年代开始发展的一种新型电池，具有高能量、长寿命、无污染等特点，但是镍氢电池充电效率一般，并且无法使用高压快充，因此从锂电池广泛应用之后，镍氢电池有被取代的趋势。

（3）锂电池

锂电池采用锂的化合物（如锰酸锂、磷酸铁锂等）作为正极材料，采用石墨作为负极材料。它的优势在于质量轻、储能大、无污染、无记忆效应、使用寿命长。锂电池是现阶段新能源汽车的主流选择。

【小朱问】现在的动力电池都是国产的吗？

【叶博士自豪地讲】那是当然，目前我国在新能源汽车动力电池方面，不仅实现了国产化，在全球市场所占份额也是很高的。其中比较著名的企业有宁德时代、比亚迪等。

（4）氢燃料电池

氢气是非常理想的清洁能源。氢燃料电池的特点是无污染、无噪声、高效率，就氢气本身来说，燃烧可以释放大量的能量，加氢效率高，通常加氢只需约 5min 就能行驶超过 600km，其指标性能都远远优于现有的锂电池。在国内，已有氢燃料电池技术用于公交车。图 5-2-2 所示为 2022 年北京冬奥会所使用的新能源公交车，其采用的是氢燃料电池技术。

图 5-2-2　2022 年北京冬奥会所使用的新能源公交车

但由于目前氢燃料电池汽车的商业化程度较低、可靠性较差及氢燃料补给站建造费用过高等，相关技术还在研究和发展中。

3. 动力电池主要技术指标

【大万问】老师，这么多种动力电池，怎么才能知道哪种好呢？

【叶博士】问得好！动力电池是电动汽车的核心部件，对车辆整体性能起着至关重要的作用。试想一下：当我们开着电动汽车，夏天不敢开空调，冬天不敢开暖风，出个门得先找充电桩……这是什么样的乘坐体验呀！

那么，如何评判动力电池的优劣呢？主要通过其性能指标去评判。

以下内容很重要！

（1）容量

电池的容量是电池在一定条件（放电率、温度、终止电压等）下放出的电量，通常以安培·小时为单位，以 A·h 表示。电池的容量的概念可以用水池能储存多少水来理解。从理论上说，电池容量越大，电动汽车的行驶里程就越长。但在实际应用中，电动汽车的电池容量并不是越大越好。

首先，更大的电池意味着更大的自重。例如特斯拉 Model S 整车质量为 1.8t 左右，而电池模组重达 900kg，电池质量占了整车质量约一半。这样的电池不仅增加了电动汽车的质量，还增加了体积。电动汽车在行驶过程中，仅因电池质量就会消耗相当多的电量。

其次，过重的电池还占有相当大的体积。仍以特斯拉 Model S 为例（见图 5-2-3），该车所配动力电池由 7104 节松下 18650 圆柱形锂电池组成，每个电池直径为 18mm，高度为 65mm，如按体积折算，约 0.83m³。

图 5-2-3 "小汽车"背大电池

【大万惊诧】天哪！这么大、这么重的电池，那这车得多大呀！

【叶博士说】从理论上讲，电池容量越大越好，但在实际选配时，要综合考虑各种因素，即综合均衡。

（2）电压

电压是什么呢？电压可用水压类比，电子就是水，电子流动形成电流。水有什么特性呢？当有水位差的时候，水就可以流动起来了。那电呢？电也是向电压低的地方"流"。想要一直有水位差使水流动，可用抽水机。那么，想让电荷定向移动形成电流呢？这就需要电路中的"抽水机"，即电源。电源在电路两端提供电位差，使电荷定向移动，这个电位差就是电压。水压与电压如图 5-2-4 所示。

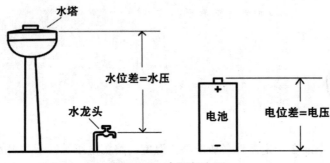

图 5-2-4　水压与电压

电压是电路中电流形成的原因，电池能够提供电压，所以电动汽车需要动力电池为其提供稳定电压以形成电流，产生电能转化为动力。

对电动汽车而言，一般情况下，电池功率越大，动力越大。那么功率和电压是什么关系呢？只需记住公式：电压×电流=功率。要达到电池大功率有两种方法，一是升高电压，二是加大工作电流。从公式上看，似乎电压和电流的数值越高越好。那么，在动力电池的实际设计和应用中是不是这样呢？

【大万问】既然升高电压就可以增大动力，那不就简单了吗？把电压升高不就可以了吗？

【叶博士说】电压是不是越高越好呢？

事实上，电压升高会带来两个最大的问题：安全问题和电气元件设计难度提高的问题。原则上，高于 48V 电压的电池，其电气元件与线路的设计都必须符合相应法规的电气绝缘和防水保护等要求。而达到这些要求需要大量的成本，也会占据布置的空间。同时，要做到更高的耐压，往往意味着电气元件需要更高的成本、更大的体积。而且高压电池管理系统更加复杂，同样会造成成本大幅上升。

增大电流的缺点也很明显：首先，线路本身是有电阻的，那么电流通过线路时会因为电阻发热而消耗电能，电流越大，传输线路上损失、浪费的电能就越大，线路本身发热也会带来安全隐患；其次，大电流工作对电气元件也提出了更高的要求，只要有细微的设计不合理或者缺陷，大电流就会把问题放大，造成元件损坏甚至引发车辆燃烧等，如图 5-2-5 所示。

图 5-2-5 新能源车辆燃烧

近年来已经出现了一些新能源汽车因电池问题而起火，造成乘车人员受伤的事件。同学们一定要认真学习相关知识，以便在以后的工作中正确地进行新能源汽车的维修和保养工作！

（3）功率

电池的功率是指电池在一定的放电机制中，单位时间内所输出能量的大小，单位为 W 或 kW。电池的功率对电动汽车的动力性能有直接影响。一般用比功率作为衡量汽车性能的指标，比功率是指从蓄电池的单位质量或单位体积电池所获取的输出功率，它决定了电动汽车的加速性能和最高车速。比功率数值越大，汽车动力越足，加速越快，能达到的最高车速也越高。

【大万问】老师，我感觉比功率和比能量很像，有点分不清啊！它们究竟有什么区别？

【叶博士答道】比功率高的动力电池就像龟兔赛跑里的兔子，速度快，可以提供瞬时大电流，保证汽车加速性能好。比能量高的动力电池就像龟兔赛跑里的乌龟，耐力好，可以长时间工作，保证汽车续航里程长，如图 5-2-6 所示。

比能量高　　比功率高

图 5-2-6 比功率与比能量的形象比较

（4）能量

电池能量是指在一定放电机制下电池所输出的电能，其单位为 kW·h，即在单位时间里所提供的电能。图 5-2-1 中奇瑞新能源汽车动力电池指标中的"额定能量 70.1kW·h"表示在 1h 能提供 70.1kW 的能量。

在指标中也可以通过比能量来衡量电动汽车的动力电池的性能。电池能量与比能量的关系为

$$比能量 = \frac{电池能量}{电池质量}$$

同学们，了解了以上几个重要的性能指标后，我们就能很轻松地比较动力电池的性能了。

以常用的动力电池性能为例，通过表 5-2-1 中的数据对比可以知道，锂电池与其他种类的电池相比，比能量高，比功率大，能够使电动汽车具有更持久的续航能力，以及更足的动力和更快的速度。所以，它成为现代市场动力电池的首选。

表 5-2-1　　　　　　　　　　　常见动力电池性能对比

电池类型	比能量/(Wh·kg^{-1})	比功率/(W·kg^{-1})
铅酸电池	30～45	200～300
镍镉电池	40～60	150～350
镍氢电池	60～80	150～350
锂电池	PLC90～130	250～450

（5）输出效率

动力电池作为能量存储器，充电时把电能转化为化学能储存起来，放电时把化学能转化为电能释放出来。在这个可逆的转化过程中，有一定的能量损耗。通常用电池的容量效率和能量效率来表示输出效率。输出效率越大，车辆动力性能越佳。

（6）内阻

电池的内阻是指电流流过电池内部时所受到的阻力。这个阻力与材料、电压的高低有一定关系。一般来说，电池的内阻很小，需要专门的仪器才可以测量到比较准确的结果。同样，对动力电池的性能而言，内阻越小越好。

（7）电池寿命

电池寿命分为使用寿命和循环寿命。使用寿命指电池在规定条件下的有效使用期限。电池发生内部短路或损坏而不能使用，以及容量达不到规范要求时电池失效，这时电池的使用寿命终止。一般情况下，电池的容量下降到额定容量的 80% 以下，就可以认为达到了报废的标准（通常容量在 70%～80% 的电池还可以拆解以作他用）。

循环寿命是指蓄电池在满足规定条件下所能达到的最大充放电循环次数。动力电池的工作循环次数是衡量动力电池寿命的重要指标，对动力电池的使用有直接影响，数值越大越佳。

【叶博士提示】要了解新能源汽车的动力电池的循环寿命，一方面要看车辆使用手册，另一方面要注意看每次充电后仪表盘上显示的行驶里程是多少。如图 5-2-7 所示，思皓 E10X 车在行驶了 1.4 万多千米之后，充满电后行驶千米仍为 302km（标准值），即表示其电池状态正常。这也是一个"检测技巧"！

图 5-2-7　思皓 E10X 充电与里程显示

除上述指标外，还有一些有关于电池性能的专业指标，如表 5-2-2 所示。作为普通车主或客户，没有必要掌握这些指标；但作为专业从事新能源汽车维保的技师，应认真了解和学习。

表 5-2-2　　　　　　　　　　新能源汽车动力电池部分专业指标

端电压	电池正极与负极之间的电位差
标称电压	电池在标准规定条件下工作时应达到的电压
开路电压	电池在开路条件下的端电压称为开路电压，即电池在没有负载的情况下的端电压
工作电压	也称负载电压，是指电池接通负载后处于放电状态的端电压。电池放电初始的工作电压称为初始电压
充电终止电压	蓄电池充足电时，极板上的活性物质已达到饱和状态，再继续充电，电池的电压也不会上升，此时的电压称为充电终止电压
放电终止电压	电池在一定标准所规定的放电条件下放电时，电压将逐渐降低，电池在不宜继续放电时的电压称为放电终止电压
自放电率	电池在存放期间容量的下降率，即电池无负荷时自身放电使电能损失的速度
放电倍率	以一定的放电电流放完电池额定容量的电所需的小时数
质量比功率	单位电池能提供的功率，单位为 W/kg 或 kW/kg
体积比功率	单位体积电池所能输出的功率，单位为 W/L 或 kW/L
质量比能量	单位质量电池所能输出的电能，单位是 W·h/kg
体积比能量	单位体积电池所能输出的电能，单位是 W·h/L

【叶博士】这些指标确实很专业，理解起来也有一定难度，但在以后的工作中，尤其是在进行新能源汽车检测和维修时，掌握了这些知识，可有效帮助我们快速检测和找到故障，从而提高工作效率。技多不压身！

4. 动力电池配置性价比

新能源汽车动力电池的配置首先取决于车辆的市场定位。

（1）用途

用途一：作为上下班代步的交通工具，还是长短途行驶兼顾。

用途二：只是个人上下班使用，还是兼顾商务用途。如为后者，就需要较强的续航能力，动力电池容量要加大。电池容量加大，车辆的质量和体积都要加大。除此之外，后者在内饰和外观上都会增加一定的成本。

（2）价格

不同的使用目标的车辆，在价格上会有差异。尤其是在市场竞争十分激烈的情况下，不同价格区间，任何功能的增减都会直接影响价格的升降。而作为新能源汽车的主要部件的动力电池，其变化直接影响价格增减幅度。

想提高续航能力，是不是把电池容量加大就行了呢？确实，加大电池容量可以提高新能源汽车续航能力，但这样一来，成本增加，电动汽车的价格就上去了，性价比就大大降低了。

比较一下 2021 年的两款车型，如表 5-2-3 所示。不难看出，用途不同，配置不同，价格差异也会很大。

表 5-2-3　　　　　　　　　　两款新能源汽车的主要指标对比

指标	思皓 E10X	比亚迪汉 EV
外形		
级别	微型	中大型
外形尺寸/(mm×mm×mm)	3650×1670×1540	4980×1910×1495
续航/km	302	506
电池电量/kW·h	31.4	64.8

【叶博士提醒】注意上述车型，虽然微型车的续航里程也有 300 多千米，但其自重、车速和乘坐舒适感、智能化功能等，与中大型的差异很大。正所谓"一分钱一分货"！

正所谓"一分钱一分货"！

▫ 知识拓展 ▫

【动力电池新技术】

（1）刀片电池

刀片电池是比亚迪于 2020 年发布的新型电池。该电池采用磷酸铁锂技术，对结构进行了创新，相较传统电池，刀片电池的体积利用率提升了 50% 以上，续航里程可提升 50% 以上，达到了高能量密度三元锂电池的同等水平。其外形类似"刀片"，故称刀片电池。与传统磷酸铁锂电池相比，该电池具有寿命长、高续航的显著优势。

电动汽车的安全很大程度上取决于电池的安全。车辆在遭遇碰撞、电池短路或尖锐物体穿刺等情况时，容易诱发电池的热失控，继而出现起火、爆炸等安全事故。刀片电池能够较好地应对这些情况。普通电池与刀片电池如图 5-2-8 所示，这样的设计使得它在短路时产热少、散热快。这意味着刀片电池相较其他动力电池还有着较高的安全性。

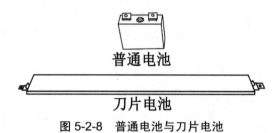

图 5-2-8　普通电池与刀片电池

（2）弹匣电池

弹匣电池并非外形上类似弹匣的电池，而是一种控制三元锂电池热失控的系统安全技术，如图 5-2-9 所示。

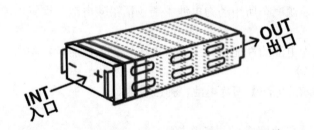

图 5-2-9　弹匣电池系统安全技术

弹匣电池具体采用了哪些技术来避免热失控呢？

第一，采用了超高耐热、稳定的电芯，在材料的性能上做了较大提升。

第二，弹匣电池构筑了一个隔热能力较强的安全舱，它可以防止三元锂电芯热失控蔓延至相邻电芯，同时，电池壳体能耐温 1400℃ 以上，从而有效保护电池。

第三，设计了一个极速降温的速冷系统。弹匣电池通过全贴合液冷系统、高速散热通道、高精准的导热路径，实现了散热面积提升 40%，散热效率提升 30%。

第四，弹匣电池通过采用最新一代电池管理系统芯片，可实现每秒 10 次全天候数据采集，相比前代系统提升 100 倍，能以 24h 全覆盖的巡逻模式，对电池状态进行监测。发现异常时，立即启动电池液冷系统为电池降温。

有没有车用弹匣电池呢？

【大万问】老师，弹匣电池听起来很厉害的样子，目前有没有车在应用这款电池呢？

【叶博士】广汽埃安在 2021 年推出的车型 AION S Plus 就搭载了广汽集团研发的全新弹匣电池。

小助手总结

本节，通过叶博士的介绍，我们知道了新能源汽车动力电池方面的知识。现将本节内容总结如下。

（1）【定义】"动力电池"这个名称来源于动力机械应用领域，是指为工具提供动力的电池，多指为电动汽车、电动自行车等提供动力的电池。

（2）【种类】新能源汽车所用动力电池主要包括铅酸电池、镍氢电池、锂电池、氢燃料电池等。

（3）【指标】动力电池的性能指标主要有电压、容量、能量、功率、使用寿命、内阻、输出效率、自放电率等。

（4）【采用新技术的电池】刀片电池、弹匣电池。

【名师解惑】　乔鹏老师

问题 1：动力电池的容量的单位是什么？

问题 2：我们常见的 18650 电池，数字分别代表什么含义？

问题 3：新能源汽车上动力电池的电压越高越好吗？

问题 4：目前新能源汽车所采用的主流锂电池有哪些类型？

问题 5：动力电池中比功率和比能量的含义分别是什么？

5.3 动力电池在使用时的注意事项

【大万问】通过学习，已经知道新能源汽车的动力电池是由多个单体电池串、并联组成的，但还不清楚这些单体电池是怎么组成的。这么多的电池在一起工作，出现问题了该怎么发现呢？

【同学讨论】小李："我觉得新能源汽车肯定不能长时间停着不充电，不然电池很容易坏掉。"小周："电池出现问题的时候汽车仪表上电池故障灯应该会亮起！"小吴："那么车子是通过什么方法知道电池有问题的呢？"

【叶博士解答】动力电池的组成和使用问题的确值得关注。同学们所提问题，现在给大家解答一下。

1. 动力电池与普通家用电池有什么区别

目前新能源汽车的动力电池均为可充电电池，主要有磷酸铁锂电池和三元锂电池两类。动力电池一般需要由多个单体电池经过并联构成电池模块，再由电池模块通过串联形成。所以动力电池的体积和质量较家用电池都会大很多，且电压也会高很多。其组成如图 5-3-1 所示。

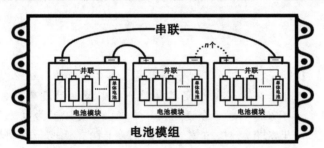

图 5-3-1　新能源汽车动力电池组成

家用电池一般分为一次性电池和可充电电池两种。挂钟或电视遥控器多使用一次性电池 [见图 5-3-2（a）]。家用电池多为一节或几节电池串联在一起使用，而手机、电子血压计等多为可充电电池 [见图 5-3-2（b）]，电池电压多在安全电压（48V）范围内。

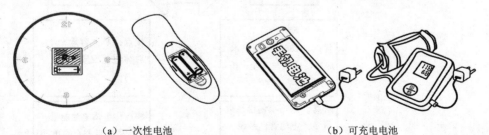

（a）一次性电池　　　　　　　　　　　　（b）可充电电池

图 5-3-2　家用电池

新能源汽车的动力电池则由多节（个）单体电池经过串联和并联组成，电压高、容量大。图 5-3-3 所示为早期特斯拉 Model S 电动汽车的动力电池，它使用了 7104 节锂电池，最终其动力电池的总电压为 DC 400V，电量为 65kW·h。

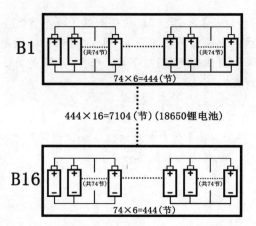

图 5-3-3　早期特斯拉 Model S 电动汽车的动力电池

2. 动力电池有哪些特点

【大万问】所有新能源汽车的动力电池都和特斯拉的一样吗？

【叶博士】这确实是一个问题。这么多电池，这么复杂的组合，管理起来一定很麻烦。尤其是对一些小型电动汽车而言，这样的结构显然不经济，也不合适。目前市场上，类似动力电池结构的车型较少。这里既有材料、工艺方面的问题，也有管理和控制技术方面的问题。下面将新能源汽车的动力电池的基本特点总结一下，如图 5-3-4 所示。

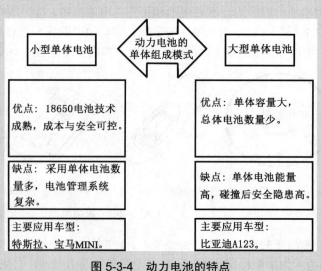

图 5-3-4　动力电池的特点

3. 多节电池串并联的利弊

单体电池生产较为方便，但由于电池在生产制造和使用过程中难以保证所有的指标都完全一样（俗称不一致性），如果将大量这样的电池组合在一起，就很容易形成动力电池整体性能的不一致。

不一致性主要表现在容量、内阻、自放电率、充放电效率等方面。单体电池的不一致，传导至动力电池包，会带来动力电池包容量的损失，进而造成寿命缩短。如充电时，有的已充满，有的还没充满；用电时，有的已用完，有的还没用完，易产生过充或过放。研究表明，单体电芯20%的容量差异，会带来电池包40%的容量损失。

【大万挠头】又是内阻，又是自放电率，有点复杂，听完不是很懂呀！

【叶博士】想必大家都听过"木桶原理"。一个木桶，能装多少水，不取决于最长的那块木板，而取决于最短的那块木板[见图5-3-5（a）]。动力电池也是一样的，其性能不取决于性能最好的单电池，而取决于性能最差的那个。就像一个装有两节电池的手电筒[见图5-3-5（b）]，如果有一节电池在使用不久以后损坏了，虽然另一节电池完好，但这时的手电筒还能用吗？

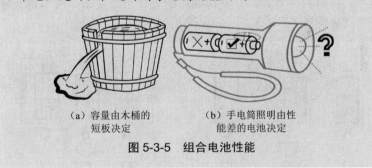

（a）容量由木桶的　　　　（b）手电筒照明由性
短板决定　　　　　　能差的电池决定

图 5-3-5　组合电池性能

单体电池的不一致性，一方面导致组合体随着时间推移，在温度、震动等使用因素影响下性能进一步变差；另一方面使得动力电池的管理愈加复杂。

4. 动力电池均衡方法

【小朱问】老师，照这样说，就没有办法组合动力电池，只能生产整体电池吗？

【叶博士答道】问得好，真是一语道破关键点。

　　刚才说到，动力电池不像燃油汽车的 12V 低压蓄电池那样，不需要对其电压、温度等进行管理，但由于动力电池的组合性质与使用特点，需要对其进行管理。

　　新能源汽车动力电池管理系统（BMS）的功能之一就是在使用过程中解决由动力电池单体指标的差异而导致整体性能下降的问题。解决的技术简称为"电池均衡管理"技术。

　　目前在已商品化的新能源汽车中，主要采用两类动力电池均衡管理技术，即被动均衡和主动均衡。简单介绍如下。

　　（1）被动均衡（有损均衡）。假设有 A、B、C 这 3 节电池，其中 B 剩余 80% 电量，而 A 和 C 只剩余 60% 电量。均衡的方式就是把 B 电池的电量放掉一些，放到电量和 A 与 C 的相同为止。在线路设计上，就是在每节电池上串联一个电阻，根据需要由 BMS 控制使 B 电池通过电阻消耗掉一些电量，达到均衡的目的。这种方法的优点在于线路设计较为简单，缺点在于既白白损耗了电量，又增加了发热，还要考虑散热问题。

　　（2）主动均衡（无损均衡）。还是 A、B、C 这 3 节电池，其中 B 剩余 60% 电量，而 A 和 C 只剩余 40% 电量。接下来，首先给 A 和 C 充电，其充到 60% 的时候，B 也启动充电，这样可以使最终电量相对均衡。还有一种方式就是将 B 中电量分别转移到 A 和 C 的单体电池中。但这两种方式都会使得线路的设计更加复杂，成本也会随之上升。几种动力电池均衡模式如图 5-3-6 所示。

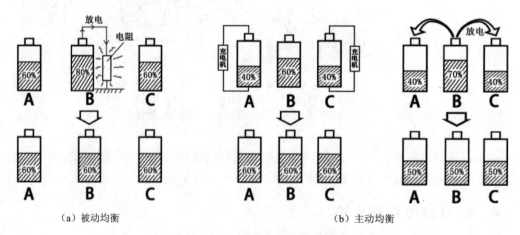

（a）被动均衡　　　　　　　　　　　　　（b）主动均衡

图 5-3-6　几种动力电池均衡模式

5. 新能源汽车动力电池使用注意事项

　　无论是电动汽车还是混合动力汽车，只要是采用外部充电方式的新能源汽车，都存在动力电池使用问题，主要如下。

（1）续航里程

电动汽车主要靠动力电池提供能量来行驶，因此，续航里程和动力电池消耗数值成正比。混合动力汽车在动力电池消耗到一定量时，会自动启动发动机工作。发动机在驱动车辆的同时，还会自动地给动力电池充电。因此，对混合动力汽车而言，续航不是最主要的指标。

（2）充电方式

目前充电方式主要有慢充和快充两种。两种充电方式各自有其优缺点，慢充充电速度慢，但对电池损耗的影响较小，快充充电方便快捷，经常快充对电池损耗的影响稍大。

（3）充电时机

电动汽车不像燃油汽车，燃油汽车使用剩余燃料所可以行驶的里程数相对比较准确，而电动汽车的剩余电量所能行驶的里程数不完全一致。这既与电池性能有关，也与行驶过程中其他电器所使用的电量有关，如使用空调制冷或者制热，对汽车控制系统估算出的剩余电量有很大影响。

【叶博士提醒】具体充电注意事项可以参考本书 4.2 节中的充电内容！

动力电池是电动汽车的核心部件，本节中，叶博士介绍了动力电池的特点和使用注意事项。这里做个总结。

（1）【组成】汽车动力电池不会像家用电池一样使用可方便拆装的单体。

（2）【均衡】电池在制造和使用过程中存在性能差异，这样会造成动力电池使用时可能出现不一致性，会直接影响其使用效能。

（3）【方法】电池均衡多采用物理方法，主要有主动均衡和被动均衡两种。

【名师解惑】 黄飞老师

问题 1：什么是一次性电池、可充电电池？

问题 2：举出 5 个生活中常见的可充电电池的例子。

问题 3：为什么说动力电池的性能取决于性能最差的单体电池？

问题 4：磷酸铁锂电池的优缺点分别是什么？

问题 5：电池串并联的主要目的是什么？

新能源汽车的动力系统

6.1 新能源汽车是否有发动机

【大万问】周末陪老舅去新能源汽车 4S 店看车，进入销售大厅，各式各样的车映入眼帘，我很快就被这些车吸引了，于是走到一款车前认真看起来，很快我发现这款新能源汽车是有排气管的。这让我很困惑，新能源汽车不是没有发动机吗？这款新能源汽车怎么会有排气管呢？

【同学讨论】小李："我想那一定是混合动力汽车，这种车有发动机，所以肯定有排气管！"小周："不对！我二叔上个月就买了一辆混合动力汽车，但销售员说，这种混合动力汽车不能上绿牌，只能上蓝牌！这是为什么？"

【叶博士解答】新能源汽车有没有发动机，这其实在前文已经提及了。但可能有些同学还没有完全理解，今天就针对这个内容再详细探讨一下。

1. 概念

首先大家要了解"新能源"的概念，目前市场上主流的车辆仍然以燃油（指由石油提炼出来的汽油或柴油）作为主要动力燃料，除燃油之外的汽车能源原则上都称为新能源。

虽然新能源除了电能之外还有很多种，如太阳能、氢燃料、风能、核能等，但目前市场上主要的新能源汽车多指在技术和安全性上都比较成熟的电动汽车。

2. 混合动力汽车

内燃机是现今汽车最主要的动力装置之一。在可预见的将来，很长一段时间里，它将仍是汽车的主要动力装置。在混合动力汽车中，内燃机也是主要动力装置之一。

【大万问】老师，这么说，只要是混合动力汽车，就一定有发动机，是吗？

【叶博士表示赞同】点赞！

【大万接着问】既然有发动机，那么混合动力汽车和燃油汽车有什么区别？

【叶博士沉思片刻】这个问题确实是一语切中要害，真还不是一两句能说得清楚的。这样梳理一下吧。

（1）在目前已商品化的所有车型中，只要是混合动力汽车，无论是否能上绿牌，都一定有发动机。

（2）燃油汽车中，发动机是唯一动力源；而混合动力汽车中，发动机只是动力源之一，或者只作为间接动力源。

【大万问】老师，我怎么越听越糊涂了。发动机怎么还能成为间接动力源？那直接动力源是什么？

3. 发动机的特性

在前文中介绍过，发动机工作时靠燃油燃烧的能量转化成机械能来驱动车辆行驶。在燃油汽车的性能指标中，有一个油耗指标，即升/百千米。但稍有经验的驾驶员都会发现，车辆实际行驶的油耗远远超出该车型的指标数值。这是为什么？细心一点就会发现，原来无论在车辆手册还是 4S 店的车型介绍中，这个指标的表述形式都会是"××.×L/100km（综合工况）"。注意！综合工况通常是指在较好的情况（如路面平坦、人车流较少、匀速）下。匀速是前文所述的经济速度，即最高时速乘以 60%。油耗指标就是这样得来的。而实际上，在市区复杂路况下行驶，油耗远远大于这个值。

【小李问】老师说了这么多油耗，跟混合动力汽车的发动机有什么关系？

【叶博士笑道】问一下，为什么在市区行驶时油耗就高呀？

【大万挠头】这……这，好像是因为经常要刹车和启动吧！

【叶博士说】对！真可谓"一语道破天机"。

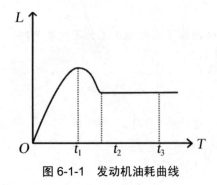

图 6-1-1　发动机油耗曲线

图 6-1-1 所示为发动机油耗曲线，横轴表示时间，纵轴表示油耗。t_1 表示车辆起步所用时间，t_2 表示启动过程逐渐完成所用时间，t_3 表示车辆进入平稳行驶所用时间。瞬时油耗在一定范围内慢慢下降。

注意：t_1 和 t_3 之间的油耗差异有多大？下面以 2016 款沃尔沃 XC60 燃油汽车为例进行介绍，从起步一直加速到 100km/h 的过程中，瞬时油耗变化如图 6-1-2 所示。

（a）起步油耗　　　　　　　　　　　（b）高速油耗

图 6-1-2　发动机油耗对比

【大万惊呼】差这么多呀！

可以看出，燃油汽车在起步工况瞬时油耗最高，在平稳且车速较高时瞬时油耗较低，那如何才能使发动机一直保持在平稳且车速较高的区间工作？

4. 新能源汽车驱动电机

【叶博士】大万，还记得之前你说到上学报到时，你家的燃油汽车被小型电动汽车超车的事情吗？

【大万抢答】记得！记得！那是因为电动汽车的驱动电机在低速时提速性能很好。

电动机的特性是在低速时可以产生很大的扭矩，在达到一定速度后输出最大扭矩开始降低，所以即便车辆很小，功率不大，但是在低速区间提速非常有优势，高速就不行了。

【叶博士提醒】同学们还需要思考一点，前文说过，混合动力汽车在设计之初就基本确定了车辆的总动力需求（功率）。这个动力由发动机和驱动电机两部分提供，那么这两部分各自所占的比例应该是多少？

【同学们讨论】小朱："一半一半吧，这样比较简单。"小周："发动机占比大一些，燃油汽车技术比较成熟。"小李："不对，发动机占比要是过大，那不还是燃油汽车吗！应该加大驱动电机占比。"小吴："那也不对，驱动电机占比过大，还要发动机做什么，直接用驱动电机不就完了吗！"

混合动力汽车的动力一般由发动机和驱动电机两部分提供的动力组成。在汽车的设计中，根据车身质量、行驶速度等需求，对所需要的动力会有一个基本的数值和指标。其中发动机与驱动电机的功率分配和车辆的设计目标有一定关系。二者之间的比例专业名称为混动比。

5. 新能源汽车为什么会有发动机

【大万问】电动汽车有这么多好处，为什么还要发展混合动力汽车，是不是有点多此一举呢？

【叶博士笑道】大万进步越来越大了！学习不仅要知其然，更要知其所以然。

尽管纯电动汽车有很多优点，但仍然存在很多不足（前文都介绍过）。虽然电动汽车的发展历史很长，但真正商业化运营也只有近 10 年，相对燃油汽车技术的百年历史而言，技术的成熟度还有较大差距。因此路要一步一步地走！从 2004 年开始，我国就颁布了《乘用车燃料消耗量限值》标准，经过多年的实施，在此基础上，2021 年，国家标准 GB 19578—2021 由国家市场监督管理总局、国家标准化管理委员会批准发布，并于 2021 年 7 月 1 日起正式实施。标准中所限制的燃油消耗公式如图 6-1-3 所示。

例：某款三厢乘用车 1.5T 排量，整车整备质量为 1315kg。

选择公式：$750 < CM \leq 2510$，则 $FC_L = 0.0041 \times (CM-1415)+8.55$。

将整车整备质量代入公式计算如下：

$$FC_L = 0.0041 \times (1315-1415)+8.55=8.14（L/100km）$$

表明，该车型百千米油耗 $\leq 8.14L$。

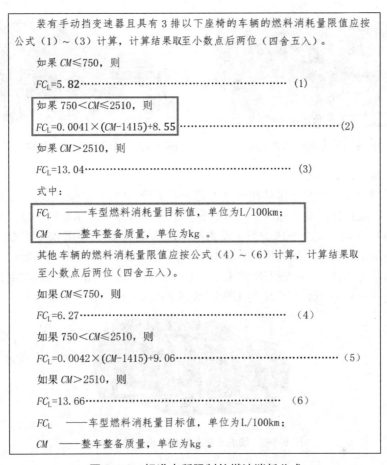

装有手动挡变速器且具有 3 排以下座椅的车辆的燃料消耗量限值应按公式（1）～（3）计算，计算结果取至小数点后两位（四舍五入）。

如果 $CM \leqslant 750$，则

$$FC_L = 5.82 \quad\quad\quad\quad (1)$$

如果 $750 < CM \leqslant 2510$，则

$$FC_L = 0.0041 \times (CM - 1415) + 8.55 \quad\quad\quad\quad (2)$$

如果 $CM > 2510$，则

$$FC_L = 13.04 \quad\quad\quad\quad (3)$$

式中：

FC_L ——车型燃料消耗量目标值，单位为 L/100km；

CM ——整车整备质量，单位为 kg。

其他车辆的燃料消耗量限值应按公式（4）～（6）计算，计算结果取至小数点后两位（四舍五入）。

如果 $CM \leqslant 750$，则

$$FC_L = 6.27 \quad\quad\quad\quad (4)$$

如果 $750 < CM \leqslant 2510$，则

$$FC_L = 0.0042 \times (CM - 1415) + 9.06 \quad\quad\quad\quad (5)$$

如果 $CM > 2510$，则

$$FC_L = 13.66 \quad\quad\quad\quad (6)$$

FC_L ——车型燃料消耗量目标值，单位为 L/100km；

CM ——整车整备质量，单位为 kg。

图 6-1-3　标准中所限制的燃油消耗公式

图 6-1-3 内容看上去有些复杂，但不难看出，市场上现有燃油汽车要想达到这样的标准，仅靠传统的单一发动机驱动模式难以实现。因此，基于混合动力汽车的研发是顺应国家对燃油消耗要求而逐步进行的。

（1）油电混合动力汽车

油电混合动力汽车的主要特征是没有外部充电装置，且纯电驱动行驶的里程数较小。其驱动电机动力主要在起步、上坡助力两个方面起作用。其特点是：动力电池容量相对较小；电机控制相对简单；无须外部充电，动力电池电能补充主要靠发动机。还要注意一点，油电混合动力汽车是不能上绿牌的。图 6-1-4 所示为市场上较为典型的普锐斯油电混合动力汽车。

（2）插电式混合动力汽车

插电式混合动力汽车的主要特征是设有外部充电装置，且纯电驱动行驶的里程数相对较大。其驱动电机动力不仅用于起步、上坡助力，还能以纯电驱动模式驱动行驶 30～80km（不同车型，纯电行驶距离有所不同）。其主要特点是：动力电池容量相对较大；有外部充电接口，其优点为通过外部充电，在市内能以纯电模式行驶，长途出行能以油电混用模式行驶。特别注意，插电式混合动力汽车是可以上绿牌的。图 6-1-5 所示为市场上较为典型的比亚迪唐 DM 插电式混合动力汽车。

图 6-1-4　普锐斯油电混合动力汽车

图 6-1-5　比亚迪唐 DM 插电式混合动力汽车

（3）48V 混合动力汽车

上述两种混合动力汽车，虽然在充电方式上有差异，但均使用高压动力电池和相应配套的驱动电机，因此在高压绝缘和保护线路设计上的复杂程度和成本难以下降。近年来，市场上又出现一种基于 48V 安全电压的混合动力汽车。简单讲，就是使用 48V 安全电压和相应驱动电机，主要用于车辆起步和提供上坡辅助动力。其特点是：油耗减少明显；由于是安全电压，所以在高压绝缘和防护上没有特别要求，成本大大降低。当然，这样的混合动力汽车也不能上绿牌。图 6-1-6 所示为 2021 年上市的瑞虎 8 PLUS 48V 混合动力汽车。

图 6-1-6　瑞虎 8 PLUS 48V 混合动力汽车

【叶博士提醒】关于混合动力汽车的相关知识，将在本书的模块 8 专门讲解，同学们可以先行预习。

在本节中，结合同学们的讨论和提问，叶博士给我们讲解了新能源汽车中有关发动机的知识。在这里做个总结。

（1）【混合动力发动机】只要是混合动力汽车，就一定有发动机。

（2）【驱动电机】采用电机驱动，可减少汽车发动机在起步和上坡等不经济区间运行的油耗。

（3）【混合动力模式】混合动力汽车主要有油电、插电式和 48V 这 3 种模式，它们各有利弊。

6.2 认识新能源汽车

【大万问】早就知道新能源汽车上有电机，既可以用来驱动，也可以用来发电，那什么样的电机才能用于新能源汽车呢？是不是和吹风机、洗衣机、电风扇所使用的电机是相同类型的呢？

【同学讨论】小李："那一定是不一样的，家用电是交流电，而新能源汽车上的动力电池中的电是直流电，肯定用的是直流电机。"小朱："不对！我爸上个月给家里的新能源汽车做首次保养的时候问过维修技师，维修技师说现在的新能源汽车的电机都是交流电机。"小周："啊？这是怎么回事呢？"

【叶博士解答】同学们，经过前文的学习，大家对新能源汽车的认识越来越深入了，就驱动电机的选择这个问题，我们一起来探讨一下。

1. 概念

在弄清楚这个问题之前，首先大家要知道什么是电机，什么是驱动电机。

电机，是一种依据电磁感应定律把电能转化为动能的电磁装置。电机在生产和生活中的应用非常广泛，小到电动玩具，大到汽车轮船，甚至飞机、航天器，都有它的身影。它被称为"现代工业之母"。电机在电动汽车中的作用是：电源为驱动电机提供电能，驱动电机将电能转化为机械能，直接或通过传动装置驱动车辆。

驱动电机是新能源汽车的三大核心部件之一，电机驱动控制系统是新能源汽车行驶中的主要控制及执行系统，如图6-2-1所示。因此，驱动特性决定了汽车的主要性能指标。

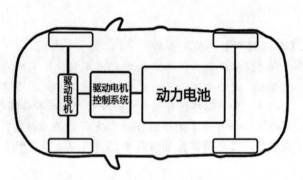

图 6-2-1　新能源汽车电机驱动控制系统

新能源汽车具有环保、节约、操作简单三大优势。这些优势在纯电动汽车上的体现尤为明显：电动汽车以驱动电机代替发动机，由驱动电机直接连接减速器，进而驱动车辆，相对传统燃油汽车发动机加上变速器再加上减速器结构而言，该结构更加简单，响应速度更快，操作更方便、容易，噪声更低。

2. 驱动电机的要求

【大万问】电动汽车的驱动电机有什么要求？是不是市场上随便哪一种普通的电机都可以用作驱动电机？

【叶博士笑答】不是什么电机都可以用作驱动电机！

（1）大容量、大功率

普通双开门家用电冰箱，功率为 110W，24h 开机，全天耗电不超过 1kW·h。而奇瑞小蚂蚁 400 微型电动汽车综合续航里程为 301 千米，其动力电池容量为 38kW·h。也就是说，小蚂蚁行驶 301km 所消耗的电量足够一台普通的家用双开门电冰箱使用约 40 天。比亚迪汉 EV 电动汽车的电池容量是 76.5kW·h，续航里程为 605km，其电池容量是上述冰箱近 80 天的耗电量。可想而知，电动汽车驱动电机功率较大，需要消耗较多的电能。

（2）大力矩、小体积

比亚迪汉 2020 款 EV 四驱高性能版旗舰型纯电动汽车整车整备质量为 1940kg（接近 2t），可是它的百千米加速指标为 3.9s。一辆超过 2t 的汽车（含至少一名驾驶员），在 3.9s 的时间里可从静止到行驶速度为 100km/h，这是一个非常惊人的数据。这个数值已经达到了高端燃油跑车的水平。图 6-2-2 所示为比亚迪汉纯电动汽车和保时捷跑车主要技术指标对比（该数据均摘自相应车型官方网站公开销售信息)。可以看出，两辆车的价格完全不在一个层面，但百千米加速指标完全相同！

车型/指标	保时捷2019款 Carrera S Cabriolet 3.0T	比亚迪汉2020款EV 四驱高性能版旗舰型
外　形		
级　别	跑　车	中大型乘用车
整备质量	1415kg	1940kg
最大功率	331kW	360kW
最大扭矩	530N·m	680N·m
百千米加速	3.9s	3.9s

图6-2-2　比亚迪汉纯电动汽车和保时捷跑车主要技术指标对比

【大万和同学】老师，这两个指标相同，说明了什么？

【叶博士答道】这两个指标虽然相同，但有很多含义。

①　两款车分为燃油汽车和纯电动汽车。

②　比亚迪汉纯电动汽车质量比保时捷跑车的质量多500kg。这意味着比亚迪纯电动汽车的驱动力需要加大。

③　由燃油汽车结构特点可看出，保时捷跑车除动力较大之外，其变速与传动部分的技术含量极高。

④　电动汽车在整体结构不变的情况下，主要通过驱动电机的性能提升达到这样的指标。这说明驱动电机的重要性。

（3）抗震动

驱动电机通过悬置安装在底盘车架上，即使行驶在较好的路况下，也难免有各种震动。尤其是在高速行驶中，遇到的震动是很大的。因此，对驱动电机的安装要求和本身的质量要求是很高的。

（4）防水抗污及温度差异性

驱动电机安装在底盘上，而下雨、下雪等情况时有发生，还有一年四季的温度变化，等等，对驱动电机的性能和材料提出很高的要求。

（5）可靠性时间

燃油汽车的保养可以通过定期更换机油、机滤、燃油滤清器、空气滤清器等实现。而驱动电机在使用过程中除了要进行外部清洁之外，基本上没有任何特别的保养和维护。即使是在保修期内（如比亚迪汉纯电动汽车提供 8 年或 15 万千米的保修期），驱动电机也要承担这个时间或里程的行驶任务，这对驱动电机的质量提出了较高的要求。

【大万叹气道】听老师这么一说，才知道电动汽车驱动电机的要求这么高！

3. 电机种类

自 1820 年丹麦科学家奥斯特提出"电流磁效应"理论到 1821 年法国科学家法拉第发明全世界第一台电机，至今已有 200 多年了。今天的电机已经发展出交直流、同步和异步等多系列产品，用于国民经济的各个方面。交流电机分类如图 6-2-3 所示。

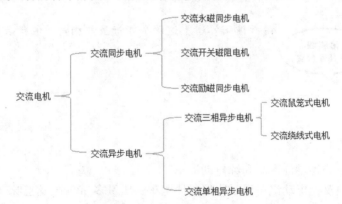

图 6-2-3　交流电机分类

【大万问】这么多种电机，哪些适合使用在电动汽车上？怎么选择？

【叶博士说】凡事预则立，不预则废。电动汽车驱动电机的选择，一定要根据上述所介绍的特点和车型需求而定。

（1）直流电机

直流电机，采用直流电直接驱动电机工作产生动力。

优点：直接启动，转矩大，调速方便，控制装置简单，成本较低。

缺点：需要换向（无论是机械方式还是电子方式），大负荷（高速旋转）行驶时换向器表面易产生火花，难以进行能量回收。

应用：低速电动车，如电动自行车、电动三轮车、电动代步车，如图 6-2-4 所示。

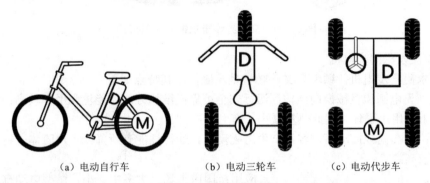

（a）电动自行车　　　　　　　（b）电动三轮车　　　　　　（c）电动代步车

图 6-2-4　低速电动车

（2）交流电机

交流电机是指由交流电驱动的电机。交流电机分为交流同步电机和交流异步电机两类。这两类电机在电动汽车上都有应用。

【叶博士提醒】同学们知道，电机都由定子和转子两个主要部件组成。转子旋转的速度与定子旋转的速度可能不相同，如果转子的旋转速度与定子的是相同的，相应电机就叫同步电机；如果不相同，相应电机就叫异步电机。

① 交流异步电机

交流异步电机可以用作电动汽车中的驱动电机，其特点如下。

优点：相比同功率的直流电机效率更高，质量约为同功率直流电机的 1/2；有良好的可控性和更大的调速范围；效率高；比功率较大；适合高速运转；等等。

缺点：在高速运转的情况下电机的转子发热严重，对冷却装置要求较高；驱动、控制系统较为复杂；电机自身价格较高。

应用：异步电机较多应用在北美地区，这与路况有关（如北美高速公路早已形成规模），汽车一般以一定的高速持续行驶。而异步电机在高速旋转时效率较高。特斯拉电动汽车就采用交流异步电机作为整车的驱动电机。交流异步电机的结构及应用如图 6-2-5 所示。

图 6-2-5　交流异步电机的结构及应用

② 交流永磁同步电机

交流永磁同步电机，顾名思义，转子是永磁体，其特点如下。

优点：无电刷和机械换向结构；运行安全可靠；维修方便；能量利用率较高；瞬间功率较大；由于采用永磁体，因此热量减少，有利于冷却。

缺点：在高温或震动下，容易产生退磁现象，使得性能有所降低；永磁体原材料涉及稀土，成本较高。

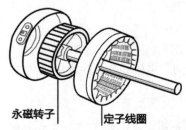

图 6-2-6　交流永磁同步电机的结构

应用：国内市场上大多中、小、微型电动汽车均采用该类电机，但高端车如特斯拉和蔚来的四驱电动汽车则采用交流异步电机。交流永磁同步电机的结构如图 6-2-6 所示。

还有一种交流开关磁阻电机，也少量用于电动汽车，但由于其性能不够稳定，能耗偏高，过载能力较弱，一般用于电动公交车。

上面简单介绍了 4 种用于电动汽车的驱动电机，其中后 3 种多用于电动汽车，尤其是交流永磁同步电机，在市场上应用最为广泛。4 种电机的主要性能参数对比如表 6-2-1 所示。

表 6-2-1　　　　　　　　4 种电机的主要性能参数对比

	直流电机	交流异步电机	交流永磁同步电机	交流开关磁阻电机
功率密度	差	一般	好	一般
转矩转速特性	一般	好	好	好
转速范围/(r·min⁻¹)	4000～6000	9000～15000	4000～15000	>15000
易操作性	最好	好	好	好
可靠性	差	好	一般	好
结构的坚固性	差	好	一般	好
尺寸及质量	大、重	一般、一般	小、轻	小、轻
成本	高	低	高	低于感应电机
控制器成本	低	高	高	一般

　　本节中，叶博士给我们解答了"新能源汽车使用哪种电机"这个很重要的问题。小助手在这里做个总结。

　　（1）【特点】驱动电机是电动汽车主要部件，它的各项指标要求很高。

　　（2）【分类】新能源汽车所使用的电机主要有交流永磁同步电机、交流异步电机、交流开关磁阻电机。

　　（3）【特点】交流永磁同步电机应用最多，交流异步电机多用作高端电动汽车的辅驱，交流开关磁阻电机可用于电动公交车，直流电机多用于低速电动车。

【名师解惑】　吴春海老师

问题1：什么是驱动电机？

问题2：驱动电机在电动汽车中的作用是什么？

问题3：交流永磁同步电机和交流异步电机有什么区别？

问题4：驱动电机的要求是什么？

问题5：什么是直流电机？

7.1 新能源汽车里的电气小秘密

【大万问】 周六我陪老舅去看了一场车展，很快被其中的一款新能源汽车吸引住。听销售顾问介绍，这款车集合了很多先进的技术，在动力、续航里程等方面有很大的提升。随后销售顾问打开机舱盖，我看到很多部件，除了有个部件标牌上面有"电机"字样，其他都不清楚是什么东西！

【同学讨论】 小李："那些肯定都是高压部件，具体叫什么名字、有什么作用，就不清楚了。" 小周："是的，我也只知道连接橙黄色线束的都是高压部件，具体用途不清楚！"

【叶博士解答】 从同学们的讨论来看，大家对电机和高压线束都有了一定的了解，但对其他高压部件还不够了解，下面给大家介绍一下除动力电池、驱动电机以外的高压部件。

1．概念

从本质上讲，新能源汽车是交通工具，其电气系统和燃油汽车的有很多相似之处，如制动、电动转向、灯光、座椅、车窗等的电气系统几乎完全相同，其电力均来自 12V 低压蓄电池。但在动力电池、充电、驱动系统等方面，有着根本的差异。在车载局域网络、车载互联网等方面，新能源汽车与燃油汽车对应部件有相似之处，最重要的差异有两点，即动力来自高压动力电池和驱动电机；有与高压电相关的电气部件（简称"高压部件"）。

高压部件的作用是什么？又有着什么样的秘密？

2．PDU

新能源汽车中，包括动力电池、驱动电机等很多设备都涉及高压电，不仅如此，其相互之间还有很多连接。因此，就像现在家庭中很多用电设备（如冰箱、空调、电视等）需要配电箱一样，在新能源汽车中，这个"配电箱"称为高压配电单元（Power Distribution Unit，PDU）。图 7-1-1 所示为奇瑞电动汽车的 PDU。

图 7-1-1　奇瑞电动汽车的 PDU

PDU 主要功能如下。

（1）配电

将大部分高压母线的接线端子置于箱内，大大减少高压线束的数量，既可降低成本，利于高压线束布置，方便检测、检修和拆卸，又可提高安全性。图 7-1-2 所示为采用 PDU 和不采用 PDU 的对比。

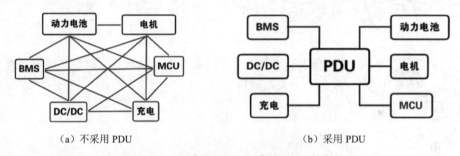

（a）不采用 PDU　　　　　　　　（b）采用 PDU

图 7-1-2　不采用 PDU 和采用 PDU 的对比

（2）保险

车辆在行驶过程中，难免因各种原因出现故障。如发生严重故障，高压部件就有可能出现损毁，轻则造成部件损坏，重则短路导致失火，甚至造成人身安全事故。而采用 PDU，可以根据被连接的各个部件所需要的电能按照设计上限设置保险开关，一旦电压（或电流）超过上限，保险开关就自动断开（或熔断），起到对设备和整车进行保护的作用。图 7-1-3 所示为 PDU 内部保险示意。

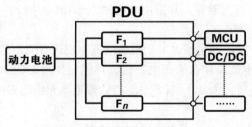

图 7-1-3　PDU 内部保险示意

3. MCU

新能源汽车的动力来自动力电池，而动力则来自驱动电机。在电动汽车上，有很多电机，如空调的高压电机、雨刮器控制电机、车窗玻璃升降控制电机等。这些电机无须做特别的控制，主要动作为上电和动作、下电和停止。而驱动电机的要求要复杂得多。在驱动电机作用下车辆的行驶状态如图 7-1-4 所示。

图 7-1-4　在驱动电机作用下车辆的行驶状态

MCU 在车辆行驶过程中，起加速、减速控制作用。此外，MCU 还具有在车辆滑行或制动时进行能量回收的控制功能（其原理将在后文讲解）。

【大万问】哎，老师，我记得您曾经讲过，动力电池中的电是高压直流电，而电动汽车大多采用交流电机，这两个部件能直接相连？

【叶博士笑开了花】大万真令我刮目相看。这个问题都能看出来，给你一个大大的赞！

确实，动力电池是不能与交流驱动电机直接相连的，这里会有一个直流转交流（一般为三相交流电）的过程，在进行能量回收的时候，还需要有交流转直流的过程。完成这些转换也是 MCU 的重要功能之一（相关原理将在后文介绍）。

4. DC/DC 转换器

众所周知，电动汽车上的动力电池中的电具有电压高、电流大的特征，主要提供给驱动电机，用于驱动车辆行驶。但电动汽车本身还有很多和燃油汽车相同的功能需求，如车窗升降、电动座椅调节、控制雨刮器等。其采用与燃油汽车相同的 12V 直流电。因此，绝大多数电动汽车都配有 12V 蓄电池。

在燃油汽车中，12V 蓄电池是通过发动机带动发电机进行充电的。而在电动汽车中，没有发动机，这个 12V 的蓄电池靠什么来充电？这时，就要使用 DC/DC 转换器，严格来讲它是将动力电池的高压直流电转化为低压直流电给 12V 蓄电池充电的部件。DC/DC 转换器工作如图 7-1-5 所示。

由图 7-1-5 可以看出，由于动力电池中的电是高压直流电，在转换的时候，首先要将电压降压至约 14V，然后才可以给 12V 蓄电池充电。

5. 车载充电器

由前文可知，电动汽车需要经外部充电来给动力电池补充电能。目前市场上，主要的充电模式分为慢充、快充和换电（换电目前非主流，将在后文讲解）3 种。其中慢充采用民用 220V 交流电，快充将 380V 交流电转换成高压直流电后直接给车辆充电。电动汽车充电示意如图 7-1-6 所示。

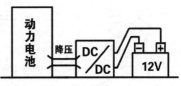

图 7-1-5 DC/DC 转换器工作

图 7-1-6 电动汽车充电示意

从图 7-1-6 可看出，当以 220V 交流电给车辆充电时，需要经过车辆内部的交流转直流的转换部件，这个部件称为车载充电器。图 7-1-7 所示为奇瑞电动汽车的车载充电器。它是固定安装在新能源汽车上的，能根据 BMS 提供的数据，将来自外部的 220V 交流电转换成直流高压电给车辆动力电池充电，并能动态调节充电电流或电压参数，自动完成充电。

图 7-1-7 奇瑞电动汽车的车载充电器

6. PTC

前文说到，电池在低温环境下性能不好，在北方，尤其是在东北，冬天的温度多在零下 20℃左右。此时电池的放电性能会变得很差。

【叶博士举例】很早之前，我 12 月出差到哈尔滨，由于工作需要，在室外考察实训室工程建设情况，只过了半小时，就发现手机突然关机了，无法再启动，我就很奇怪，是不是手机坏了？随后我下意识地将手机放到内衣口袋里。过一会儿就忘了此事，等想起来要打电话时，发现手机又能启动了。

说明电池的耐低温性不好。

【大万笑道】这就是电池的耐低温性不好而导致关机，因为您放在衣服里升温，又恢复了，是吧？

【叶博士】再给一个赞！

当温度低于一定限度时，车辆启动之前，需要给电池包升温，这个用于升温的电气设备称为 PTC。当车辆行驶一定时间后，PTC 可以将驱动电机发热的热量自动用于车内取暖。PTC 由热敏电阻器及相应的部件组成（相关工作原理见后文）。图 7-1-8 所示为奇瑞电动汽车的 PTC。

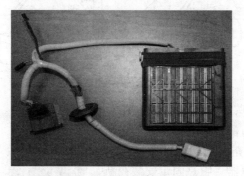

图 7-1-8　奇瑞电动汽车的 PTC

在新能源汽车中，各个部件的连接线束虽不属于电气部件，但本身涉及高压电。相关知识在本书 3.2 节中已有介绍，可以参阅。正是这些电气部件及线束，共同协调，组成新能源汽车并实现各个功能，使之能安全、可靠地行驶，将乘客平安送抵目的地。

小助手总结

新能源汽车中有很多电气的小秘密，叶博士深入浅出地给我们讲了很多，这里做个总结。

（1）【电气分类】新能源汽车中电气部件分为高压部件和低压部件两个部分，主要区别在于低压部件均使用 12V 蓄电池，而高压部件使用高压动力电池。

（2）【高压部件】PDU、车载充电器、DC/DC 转换器等是主要高压部件。

【名师解惑】　　吴春海老师

问题 1：纯电动汽车中高压部件包括哪些？

问题 2：电能来自新能源汽车的哪个部件？

问题 3：MCU 在车辆行驶过程中，起到什么作用？

问题 4：纯电动汽车与燃油汽车对应部件有相似之处，最重要的差异有哪两点？

问题 5：目前市场上主要的充电模式有哪些？

7.2　新能源汽车对高压的管理与控制

【大万说】我陪表弟买电动玩具车，买来后就把电池装上，一开机，车子不动。经过检查，原来是电池装反了。我想，玩具车电池装反了，换过来就行了，但要是电动汽车出现这种情况，那还得了！

【同学讨论】小周："汽车肯定没那么简单，都会设计完整的管理控制系统！"小朱："不一定，要是哪天碰到个新手，胡乱操作，那不就坏了嘛！"小李："那新能源汽车的高压电究竟怎么管理和控制？"

【叶博士解答】随着学习内容的增多，同学们对电动汽车的认识也越来越深刻，提的问题也更专业。只有多学多问，才能掌握更多知识！

1.　概念

7.1 节初步介绍了 PDU 的基本结构和主要功能。事实上，新能源汽车中对高压的管理和安全控制的设计是非常严谨和周密的。因为这不仅涉及车辆和部件的完好，更关系到驾驶员与乘客的人身安全。

在住宅装潢中，电装是很重要的，无论走线如何，最终都安装配电箱（通常是在门厅处），如图 7-2-1 所示。它一般由漏电保护器、隔离开关、熔断器、高分段式小型断路器（也叫微断）等组成，具有防触电、防短路、防过载、防漏电等多种保护装置。

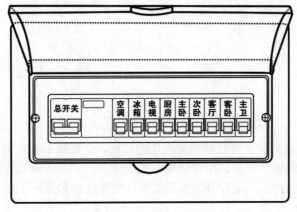

图 7-2-1　家用配电箱

2. 高压管理

与上述配电箱的功能类似，新能源汽车中 PDU 就是整车高压电的管理分配装置。它管理的对象包括动力电池、驱动电机、空调、制动系统等。其主要功能如下。

（1）合理连接

通过 PDU 可以建立简洁、安全、方便地连接。因为不同的终端所通过的电量和作用不同，所需要的线径也不尽相同。通过 PDU，可减少连接的线束，有效降低成本。

（2）安全隔离

PDU 连接着整车中的大部分主要部件，一旦某个部件出现故障（如短路），PDU 就可以将该连接线路中的熔断器熔断，以对其加以隔离和进行有效、保护。同样，对漏电之类的部件也均可加以隔离、保护。由于 PDU 大多采用铸铝外壳，安全防护等级很高，即使在出现严重事故的情况下，也能保证高压线路及时断开，从而起到保护作用。

图 7-2-2 奇瑞电动汽车 PDU 的内部结构

（3）便于检修

由于所有高压部件均通过 PDU 进行连接，因此在故障检修和更换部件时，只需要在 PDU 相应的高压接线端口至所属部件之间进行检测和维修，有利于快速进行故障处理。即使需要更换部件，也相对较为方便。图 7-2-2 所示为奇瑞电动汽车 PDU 的内部结构。

【大万问】说到电动汽车，就会说到高压电，就会联想到高压电安全问题。PDU 除了有高压设备过流保护的功能之外，还有什么作用？

【叶博士解答】问得好，很多人对电动汽车的高压电都有安全方面的顾虑，我们来看一看电动汽车是如何设计和进行安全控制的！

3. 安全设计

电动汽车在常规安全设计方面和燃油汽车的相同，主要有主动安全设计和被动安全设计两类，如类似安全带的被动防护、车辆防撞系统的主动防护等。新能源汽车上都设计了高压开盖暴露的被动断电防护、汽车行驶碰撞后的被动断电防护和高压上电时异常断开的主动泄放防护等。

除此之外，由于新能源汽车具有高压电这一特点，因此，在进行安全设计时，必须设计基于高压电防护的功能，具体设计如图7-2-3所示。

图7-2-3　新能源汽车高压电安全设计

4. 高压互锁安全结构

我们知道，电动汽车中同时存在高压电和低压电。就安全角度而言，低压电相对比较安全；而高压电由于其电压高、电流大，不仅在出现故障时具有一定的危险性，即使是在正常启动时，开关位置也会有火花产生。类似传统的双刀单掷电源开关，在合上的同时，闸刀和电源接触片会产生火花，如图7-2-4所示。这种火花如发生在电动汽车上就会有安全隐患。

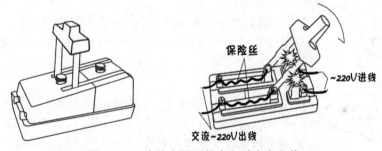

图7-2-4　传统电源开关合上时产生火花

基于高压电特性和车辆在实际行驶中消耗电量这一特征，从安全的角度出发，工程师提出"高压互锁"的概念。

【大万说】我知道，高压互锁就是将高压电和低压电联系到一起，是吗？

【叶博士笑道】看大万着急的！虽然讲得有那么点意思，但互锁远非那么简单。

我们常常在户外看到高压电网在很高很高的架子上，连接着 3 根到 4 根电缆，有时候甚至能看到有人在电缆上进行检修。这么多、这么粗的电缆，是如何连接到两个相距几十米远的铁塔上的？其实原理很简单，电缆传输如图 7-2-5 所示。

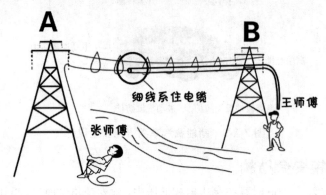

图 7-2-5　电缆传输

图 7-2-5 中张师傅先放一根细线给王师傅，然后王师傅用这根细线系住电缆，此时张师傅拉动细线（也可以用绞盘），就可以将电缆从 B 塔拉到 A 塔。

【大万问】老师，有两个问题：一是如果细线过细，拉不动粗电缆怎么办？二是如果两个电塔中间过不去（如有山堑或河流）怎么办？

【叶博士笑道】大万学会"打破砂锅问到底"了，但还没有学会举一反三。第一个问题，逐渐加粗细线，多试几次不就可以了吗？第二个问题，可以用抛射枪。

受上述示例启发，在为新能源汽车上高压电前，可以通过低压电进行测试。在确定线路正常时，再上高压电。高压互锁系统是利用 12V 低压电信号，检测高压部件及高压连接线束的完整性，是利用低压电网监控高压电网的监控系统。

高压互锁（High Voltage Inter Lock，HVIL）是指通过低压电来检查电动汽车上所有与高压母线相连的各分路，包括整个电池系统、电机控制器、高压盒等器件的保护盖、插件等系统回路的连接完整性（连续性）。其工作原理如图 7-2-6 所示。从图 7-2-6 中可以看到，高压接线柱要长于低压接线柱。其工作原理如下。

连通（互锁）：开关闭合时，高压接线柱首先接通，但此时高压电并没有接通。随后低压电接通，经测试无误后，接通高压电，此时将不会产生电火花（电弧）。

断开：当拔出开关时，首先断开低压电，随即断开高压电，然后高压接线柱断开，这样就不会产生电火花。

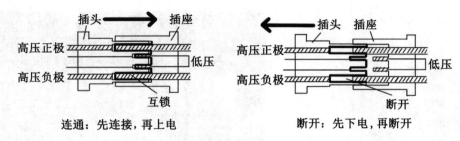

图 7-2-6　高压互锁系统工作原理

【大万问】道理是听懂了，但无论是插或拔的动作都是很快的呀，这么短的时间里，控制过程能跟上？

【叶博士笑答】这样的问题，以后千万不能问了，以免人家说你学艺不精。人手的动作速度最多只能到毫秒级，而电的速度……

【大万脸红】……

5. 高压互锁安全应用

高压互锁设计是确保驾驶员安全和车辆设备安全运行的关键。因此在新能源汽车的高压部件中，主要的接口连线均采用高压互锁开关式连接，以保证在整车行驶中，所有高压部件正常运行，并在一旦出现故障或事故时，第一时间切断高压电路。高压互锁插头如图 7-2-7 所示。其主要的作用如下。

（1）故障报警

车辆在行驶过程中，无论处于何种状态，高压互锁系统在识别到危险时，车辆应该对故障情况做出报警提示，并根据故障的严重性和紧急性，采用仪表指示或以声、光报警的形式提醒驾驶员，以便及时处理，避免发生安全事故。图 7-2-8 所示为某电动汽车在行驶中出现动力蓄电池故障的提示。

（2）切断高压电源

车辆处于停止状态，当高压互锁系统识别到严重危险情况时，除了会进行故障报警，还会通知系统控制器断开自动断路器，使高压电源被彻底切断，避免可能发生的高压危险，确保财产和人身安全。

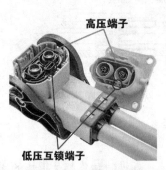

图 7-2-7　高压互锁插头　　　　图 7-2-8　某电动汽车在行驶中出现动力蓄电池故障的提示

（3）降功率运行

电动汽车在高速行驶过程中，高压互锁系统在识别到危险情况时，不能马上切断高压电源。应首先通过报警提示驾驶员，然后让控制系统降低电机的运行功率，使车辆的速度降下来，以使整车高压系统在负荷较小的情况下运行，尽量降低发生高压危险的可能性，同时允许驾驶员将车辆停到安全地点。

6．整车互锁线路

在新能源汽车中，凡涉及高压电的部件，其接口及连线开关均需要采用互锁装置。各个部件的互锁要分别构成一定的回路，以保证在任何情况下，互锁装置中的低压线路都可以检测到任何故障，以便及时进行相关动作，确保行车安全。图 7-2-9 所示为奇瑞新能源汽车的互锁线路。

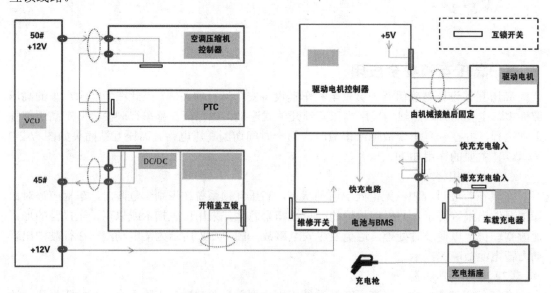

图 7-2-9　奇瑞新能源汽车的互锁线路

本节中，就车辆的安全设计和控制，叶博士给我们做了深入浅出的介绍。安全是最重要的。这里做个总结。

（1）【高压控制】通过集中配电模式，进行高压电控制和管理。

（2）【高压互锁系统的概念】高压互锁系统利用12V低压电信号，检测高压部件及高压连接线束的完整性，是利用低压电网监控高压电路的监控系统。

（3）【高压互锁系统的作用】安全上电，故障提示，断电保护。

（4）【高压互锁系统的应用】凡涉及高压部件，都需要连接高压互锁装置。

【名师解惑】　孙海平老师

问题1：PDU有什么作用？

问题2：PDU内部的主要部件有哪些？

问题3：什么是高压互锁系统？

问题4：高压互锁系统的直电流是由什么控制单元发送和监控的？

问题5：如何防止高压插头松动与自行脱落？

7.3　新能源汽车直流电的秘密

【大万问】叔叔想买辆新能源汽车，拉着我去4S店看车，无论是外观还是内饰，都不错。保养费用也低，特别是电价相对于高油价，两者简直就不在一个档次。问到续航里程，销售顾问表示，由于采用了交流感应异步电机，所以，动力性能好，续航里程长。虽然我也认为它的性能不错，但一想，动力电池中的电是直流电，电机使用的是交流电，这怎么用呀？碍着叔叔在场，没好意思问。

【同学讨论】小李："我知道，燃油汽车的电机用的都是直流电。"小周："是的，这肯定要转换，但怎么转换就不知道了！"

【叶博士解答】同学们现在讨论的问题已经越来越深入了。这就涉及一些很重要的概念和知识。下面我们一起探讨。

1. 概念

新能源汽车和燃油汽车在电池方面，既有相同点，也有不同点。

（1）相同点

➤ 二者均有 12V 蓄电池，其作用基本相同。

➤ 蓄电池中的电均为直流电。

（2）不同点

➤ 燃油汽车只有 12V 蓄电池，而新能源汽车既有 12V 蓄电池，又有高压电池。

➤ 燃油汽车 12V 蓄电池通过发动机带动发电机给电池充电，而新能源汽车通过将高压直流电转换成低压直流电给 12V 蓄电池充电。

此外，燃油汽车通过发动机提供的动力驱动车辆，而新能源汽车尤其是纯电动汽车则采用电机提供的动力驱动车辆。在前文中，我们看到在驱动电机的设计中，虽然同样存在直流电机和交流电机两类，但都符合电动汽车驱动、力矩、抗震等技术指标。目前市场上大多选择交流感应异步电机和交流永磁同步电机两类。其共同的特点就是均为交流电机。由于动力电池中的电为高压直流电，所以在实际使用时需要进行转换。

2. 转换分类

【大万问】前文老师讲的是将直流电转换成交流电，还有别的转换吗？

【叶博士笑答】大万问的与我下面要讲的内容真是"不谋而合"！

在电气技术普及的时代，电流转换已经成为常用的技术，并应用在社会的方方面面。这里简单进行分类。

（1）属性相同，高低转换

所谓属性相同，是指同为直流电或者交流电，所转换的只是数值，如将高压直流电转换成低压直流电等。

（2）高低相对均衡，属性转换

如电动汽车中，将高压直流电转换成高压交流电，即数值上变化不大，但电流的属性发生了变化。

无论上述哪种类型的转换，在国民经济建设中，都有着十分重要的意义。

3．AC/AC

AC/AC 转换器是把一种电压值的交流电转换成另一种电压值的交流电的装置，也称为变压器，作用为将低压交流电转换为高压交流电或将高压交流电转换为低压交流电。

家庭中，大多数家用电器（如电视、微波炉、洗衣机、冰箱等）都使用 220V 交流电。但小区的配电房里多为 380V 交流电，而配电房的进线中往往是 10kV 以上的交流电。这就需要进行降压转换。转换的设备通常称为变压器。电力传输与配电如图 7-3-1 所示。

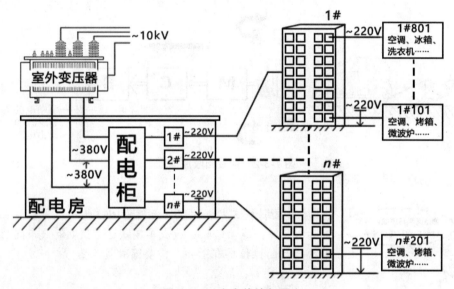

图 7-3-1　电力传输与配电

从图 7-3-1 可以看出，小区外进线中为 10kV 交流电，经过变压器（该类变压器一般在室外）之后，转换成 380V 交流电进入配电房。由于 380V 交流电为三相交流电，而居民家用电器所用电均为单相 220V 交流电，所以每一相和公共地线组成 220V 交流电，并被输送到每家每户。

【叶博士感慨道】过去，由于我国的电力传输技术较差，虽然用电集中在东南地区，但煤炭资源多在西北地区，结果就需要将西北地区的煤炭资源运送到东南地区进行发电，不仅极大提高了运输成本，还造成环境污染。随着电力技术的发展，"西电东输"工程的实施，我国的电力传输技术不断提高。其最高 1000kV 直流电传输技术居世界领先地位！这是 30 多年来，中国电力技术人员不懈努力的成果！

4. AC/DC

AC/DC 交流转直流也称整流器。从大的项目来说，如三峡水电站，就是将电站发出的交流电变压并转换成 500kV 的直流电传输到南方相关省市，再经降压后转换成交流电，供不同类型的用户使用。这种模式通常用于超高压、超远距的电力传输。由于使用高压电传输可减少损耗，高压直流电单线传输（交流电至少需 3 根线）具有低成本优势，故该项技术被超大型发电站所采用。

而电动汽车在滑行或制动时，车轴变成主动轴，带动驱动电机转动，产生反向的磁场变化，使得驱动电机变成发电机。但此时所发出的电是交流电，无法直接给动力电池充电。因此，需要将此交流电转换成直流电，再给动力电池充电。能量回收原理如图 7-3-2 所示。

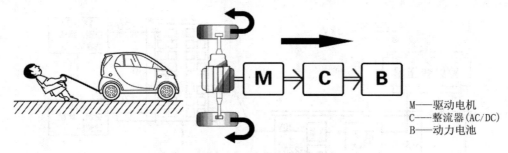

M——驱动电机
C——整流器(AC/DC)
B——动力电池

图 7-3-2　能量回收原理

电动汽车与燃油汽车滑行时的操控感有差异。

【叶博士提醒】这里讲的仅仅是能量回收的基本原理，在车辆实际滑行时，能量回收会造成车辆减速，使电动汽车与燃油汽车滑行时的操控感有差异，需要驾驶员注意。

5. DC/DC

DC/DC 转换是指将某一数值的直流电转换为另一数值的直流电。前文也介绍了电动汽车中 DC/DC 的作用。在新能源汽车中，DC/DC 主要应用在纯电动汽车上，而混合动力汽车仍可以利用发动机带动发电机直接给 12V 蓄电池充电。

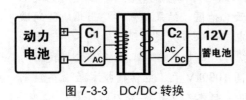

图 7-3-3　DC/DC 转换

大多数电动汽车的 DC/DC 转换模式是将直流电转换成交流电，然后进行变压（将高压交流电变压成低压交流电），再将该低压交流电转换成低压直流电，进而给 12V 蓄电池充电。其转换如图 7-3-3 所示。

【叶博士提醒】在电动汽车中，DC/DC 起到的是降压输出的作用。在实际应用中，还有升压的 DC/DC。其在电路中的应用也有所不同。这不是三言两语就能完全讲清楚的。

6．DC/AC

DC/AC 转换器，又称为逆变器，是将直流电转换成交流电的一种变流装置，供交流负载用电或向交流电网并网发电。如前文所述超高压电力传输，就是使用直流超高压方式进行的。逆变器在汽车中应用非常广泛，主要如下。

（1）燃油汽车中 220V 交流电输出

高端燃油汽车提供了一定功率的 220V 交流电输出端口，以便客户使用笔记本计算机、手机等小型电器。图 7-3-4 所示为逆变器工作示意。

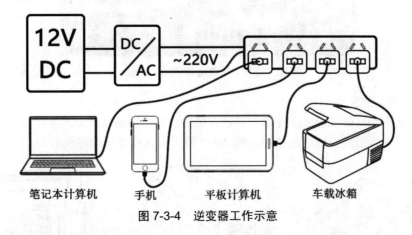

图 7-3-4　逆变器工作示意

（2）电动汽车驱动电能转换

在电动汽车中，由于动力电池提供的是高压直流电，而驱动电机所需要的是三相交流电，因此需要使用逆变器进行转换。逆变器是电动汽车的一个重要电气部件。其转换原理如图 7-3-5 所示。

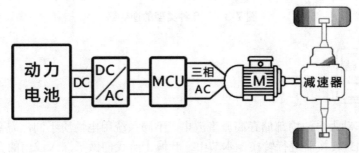

注：部分车型中 MCU 已融入了逆变器。

图 7-3-5　电动汽车逆变器的转换原理

（3）车载逆变器

随着轿车、客车、房车、货车行驶里程的增加，人们希望有更多方便使用的家用电器。因此，车载逆变器应运而生。如房车常用的 3000W 逆变器，就可以实现使用车载冰箱、洗衣机、微波炉等家用电器，和普通的家庭生活中使用的基本没有差异，而且所配电池还可以利用行车和太阳能充电，极大地提高了行车的舒适性和方便性。奇瑞瑞弗 T800 房车（见图 7-3-6）配置有 3000W 逆变器。

图 7-3-6　奇瑞瑞弗 T800 房车

（4）逆变器类型

结合上述介绍，可以看出逆变器无论是在燃油汽车中还是在电动汽车中都是很重要的部件，且在各类交通工具中被广泛使用。图 7-3-7 所示为几种类型的逆变器。

（a）100W 逆变器　　　　（b）3000W 逆变器（电池独立）　　　（c）一体式移动电源（含逆变器）

图 7-3-7　几种类型的逆变器

新能源汽车动力电池内部储存高压直流电。不同系统用电性质不同，需要在动力电池与用电系统之间加装转换器进行转换。本节中，叶博士给我们做了深入浅出的介绍。在这里做个总结。

（1）【转换分类】转换主要有 AC/AC 转换、AC/DC 转换、DC/AC 转换、DC/DC 转换。

（2）【电路应用】不同转换电路，在国民经济建设中都有很多用途，如电力传输、小区变电等。

（3）【电动汽车应用】在新能源汽车中，也存在着各种电路的转换，主要满足车辆行驶过程中各个方面的需要。

【名师解惑】　孙海平老师

问题 1：新能源汽车与燃油汽车的 12V 蓄电池充电有什么区别？

问题 2：逆变器的作用是什么？

问题 3：DC/DC 转换器的作用是什么？

问题 4：当 12V 蓄电池和动力电池都充满电后，是否还存在电流？

问题 5：新能源汽车的 DC/DC 转换器转换有哪 3 种形式？

7.4　新能源汽车的能量回收

【大万问】上周周末我和朋友去游乐园，用手机 App 打了一辆新能源汽车。在去的途中，司机在松电门时我们有很强的刹车的感觉，但看司机也没踩刹车，这到底是怎么回事？我一直想问问老师。

【同学讨论】小李：“上周我在看新能源汽车测评的时候也发现了这种情况，听解说员说，这是在减速发电。”小周：“发电？那为什么车辆在发电的时候会减速呢？减速和发电有什么关系？”

【叶博士解答】看来同学们学习得很用心。能量回收是新能源汽车的特有技术，了解并正确地进行操控，对学习和以后在企业中进行技术服务会有很大的帮助。现在就这个内容给大家讲解一下。

1．概念

众所周知，新能源汽车最大的优势就是用电能代替传统的燃油，但在实际使用过程中遇到的最大问题就是充电。因为充电无法像加油一样快速、便捷，所以提升电能的利用率很重要。把“溢出”的机械能转换成电能，虽然无法从根本上解决充电的问题，但由于利用率提高，一定程度上能增加行驶距离，减少充电的次数，还是很实用的，尤其是在混合动力汽车上，效果更加明显。

2. 燃油汽车制动机制

与新能源汽车的行驶相同，燃油汽车在行驶过程中也会根据路况和避障需要进行滑行和制动。其动作机制如下。

（1）滑行

平坦路况上在一定的速度下，松开油门，车辆就可以因其惯性向前滑行。在这个过程中，车辆只受到空气阻力和轮胎与地面的摩擦力，它们通过动力传动机构传至车身，车辆自然平滑地减速。滑行中发动机不再提供动力，而仅有怠速油耗。

（2）制动

在遇到路障或其他情况时，比如遇到红灯时，都需要驾驶员采取制动方式强迫车辆进行减速。这个过程靠车辆制动系统控制和动作，最终通过加大刹车片与刹车盘之间的摩擦力，使车辆减速或停止。

无论采用上述哪种方式，最终结果都是车轮在无动力状态下转动。同时，由于车辆的制动依靠刹车片与刹车盘之间的摩擦，这种摩擦会产生相应的热能。但在这个过程中，车轮旋转的动能和摩擦产生的热能都被浪费了。

3. 能量回收基本原理

作为以电能为能源，由驱动电机提供动力的新能源汽车，在车辆行驶时，主要靠驱动电机的转动来带动相应传动装置工作，进而驱动车辆行驶。但在车辆滑行或制动时，车辆不再由电机驱动，而是由惯性所致，并通过传动装置，带动驱动电机的转子转动。

由基础物理学我们知道，给一个处于磁场中的线圈通上交流电，线圈会在磁场中旋转（电生磁）。而在磁场中，一个旋转的线圈会产生反向电流（磁生电）。图 7-4-1 所示就是最基础的电机原理。

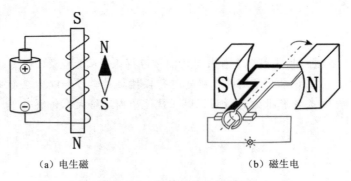

（a）电生磁　　　　　　　　　（b）磁生电

图 7-4-1　最基础的电机原理

新能源汽车就是利用磁生电的原理，基于驱动电机与车轮的连接关系，在车辆减速的过程中，由车轮和传动机构带动转子高速旋转从而使定子绕组产生反向感应电流并通过驱动电机进行反向输出，经 AC/DC 转换后充到动力电池中。能量回收功能如图 7-4-2 所示。

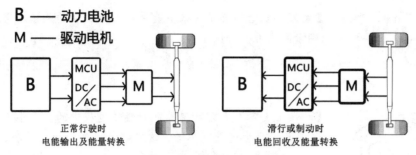

图 7-4-2　能量回收功能

4. 能量回收应用

【大万问】既然能量回收这么好，为什么新能源汽车的能量回收功能是可选择的，而不是强制实施的？

【叶博士回答】这个问题有点管中窥豹。首先要理解能量回收的前提条件。

能量回收发生在滑行和制动两个过程之中，而车辆为什么要制动，首先是为了安全，滑行也是如此。所以，无论能量回收如何设计，安全保障都必须放在第一位。

除此之外，在能量回收中，为了达到更好的能量回收效果，应加大滑行时车轮联动机构对驱动电机的反向驱动力。前文说到，这个反向驱动力越大，回收的能量就越多。但这也带来了相应的问题。

（1）被动减速感强烈

由于能量回收的反向驱动力，车辆减速感（实质上就是制动感）加强。这种没有踩刹车而导致的急剧减速过程会给驾驶员及乘客带来不适。

（2）能量回收与制动容易混淆

就能量回收本身而言，滑行较制动回收的能量更多。由于制动回收能量时减速感明显，驾驶员无法控制和感受能量回收与正常刹车之间的差异，使得车辆难以操控。如果是新手，就有可能急刹车，严重时可能会发生事故。

【大万问】老师说了这么多能量回收与制动的关系，怎么越听越糊涂，能否举个例子？

【叶博士笑答】大万所说的也是教学过程中的一个难点，经常讲了半天，学生还是听不懂。这里就以我自己开的思皓 E10X 电动汽车为例进行说明。

① 关闭能量回收。车速为 60km/h，在距离红灯停车线约 150m 时松开电门，以惯性滑行到红灯停车线。

② 打开能量回收"弱"挡。车速还是 60km/h，在距离红灯停车线约 150m 时松开电门，以惯性滑行到距红灯停车线还有约 50m 时，车速就降到 5km/h。显然以这个车速开到路口，后面的车会按喇叭催你。

③ 打开能量回收"中"挡。车速还是 60km/h，在距红灯停车线约 150m 时松开电门，以惯性滑行到距红灯停车线还有约 70m 时，车速就降到 5km/h。这也是不行的。

④ 打开能量回收"强"挡。车速还是 60km/h，在距离红灯约 150m 时松开电门，自然滑行到距路口还有约 90m 时，车速就降到 5km/h。这个过程的减速感是很强烈的。

⑤ 最佳做法是，打开能量回收"中"挡。车速还是 60km/h，在距离红灯约 100m 时松开电门，自然滑行到距路口还有约 10m 时，车速降到 5km/h。自然滑行到路口（经验参数：能量回收功能在 10km/h 或以下，基本不起作用）。能量回收功能使用如图 7-4-3 所示。

无能量回收　　　　　　　　"强"能量回收

图 7-4-3　能量回收功能使用

【叶博士感叹】上述数据也是经过多次测试才总结出来的，如果是新手，刚开始时会很不习惯。因此，如果设置成"强"挡，在行驶时就有可能存在安全隐患。

在新能源汽车仪表盘上有"制动能量回收"的信息提示，不同车型，显示方式和内容不尽相同。图 7-4-4 所示为两款电动汽车"制动能量回收"在实际行驶过程中的仪表盘显示情况。

（a）某车型制动能量回收仪表盘显示　　　　　　（b）某车型能量回收值

图 7-4-4　能量回收功能仪表盘信息显示

5.　能量回收理念和使用技巧

【大万问】既然能量回收这么好，那以后开车看到路口时，先加速再滑行，这样不就能多回收一些能量吗？

【叶博士答道】大万这种"钻牛角尖"的思考很好，但不能忽略能量守恒定律。任何时候，能量回收都是建立在已经消耗能量的基础上进行的。这里有一些注意事项需要了解。

（1）能量回收是否会导致能量增加

不会。因为车辆滑行是由电能驱动的。滑行能量回收会导致滑行距离变短。制动回收是指将刹车片摩擦所产生的热能转换成回收的电能。

（2）为了回收更多能量，在滑行前加速可行吗

这样做没有意义，因为滑行前加速所需要的那部分电能，会超过回收的那部分能量。并且，能量回收功能必须在保证刹车安全的前提下才可以进行。

（3）能量回收所导致的减速，是否可以替代制动

可以部分替代。比如在城市路况下行驶，遇到红灯时，燃油汽车只有踩刹车方可减速。而电动汽车在松开电门滑行后，就进入能量回收减速状态。但能量回收减速和制动都必须在确保安全的情况下进行。在操作熟练的情况下，还可以减轻刹车片的磨损，相对燃油汽车刹车片的使用时间而言，电动汽车可以延长寿命 10%～15%。

（4）如何使用能量回收功能

能量回收是在车辆滑行或制动情况下进行的。理论上讲，能量回收功能设置在"强"挡，仅靠滑行正好把车停到驾驶员想要停的位置上时，能量回收效果最好。但事实上，路况的复杂性使得上述操作很难完全完成。

（5）使用建议

虽然从理论上计算，新能源汽车的能量回收系统可以回收 10%～15%的电能，但由于路况和驾驶员驾驶水平的差异，实际值并不能达到理想值。通常建议：刚刚驾驶新能源汽车的新手，应先关闭能量回收功能，行驶一段时间，在对车辆基本熟悉的情况下，按照先"弱"挡后"中"挡的顺序，逐渐掌握。一般不建议使用"强"挡。无论使用哪种挡位，都必须确保行车安全。

能量回收是新能源汽车的一个重要特点，本节中，结合同学们的提问，叶博士做了深入浅出的解答。在这里做个总结。

（1）【定义】通过车辆减速滑行或制动来实现能量的回收。

（2）【分类】能量回收分为制动和滑行两类。

（3）【应用】能量回收功能在确保安全的基础上进行，实际使用中要先熟悉车辆，再从"弱"挡到"中"挡逐步掌握。一般情况下，不建议使用"强"挡。

【名师解惑】　王利老师

问题1：能量回收有何意义？

问题2：能量回收的过程是什么？

问题3：能量回收能替代制动吗？

问题4：能量回收操控的要求是什么？

问题5：制动能量回收受哪些条件制约？

8.1 能上绿牌的混合动力汽车

【大万问】早就知道上绿牌的汽车是新能源汽车，但常常看到上绿牌的车尾也有排气管，和蓝牌车几乎没什么区别，为什么也能上绿牌？到底哪些车能上绿牌？

【同学讨论】小李："那一定是混合动力汽车，这种车也能上绿牌！"小周："不对！我大舅上个月就买了一辆混合动力汽车，但销售员说，这种混合动力汽车不能上绿牌，只能上蓝牌！这是为什么？"

【叶博士解答】同学们提的问题越来越深入了，这说明大家不仅在阅读，也在思考。下面就这类问题进行讲解。

1. 概念

什么是混合动力汽车？混合动力汽车一般是指一辆车上同时装备两种动力源，如热动力源（如传统内燃机）与电动力源（如电池与电机）的汽车。通常，混合动力汽车可以根据实际路况和动力优先策略，决定采用哪种动力（或两种动力同时使用）驱动车辆行驶，以达到既降低油耗、减少环境污染，又使车辆始终在综合性能最佳的区域内工作的目的。

2. 混合动力汽车发展史

世界上第一辆混合动力汽车由德国人费迪南德·波尔舍在 1900 年制造，如图 8-1-1 所示。

图 8-1-1　世界上第一辆混合动力汽车

　　这款车全名叫"罗尼尔-保时捷"，令人惊讶的是，该车的前轮居然采用的是轮毂电机，并且采用了水冷的 De Dion Bouton 汽油机，并用它驱动两台发电机，构成两套发电系统。在 90V 电压下输出 20A 的电流，直接驱动轮毂电机。车身尺寸为 3390mm×1880mm×1850mm，轴距为 2310mm，车重达 1890kg，最高速度达 35km/h，续航里程近 200km。在那个年代，这些技术指标简直让人震惊。

　　批量生产的混合动力汽车在 20 世纪 90 年代后期才出现，比较有代表性的分别为丰田普锐斯（PRIUS）和本田音赛特（INSIGHT），如图 8-1-2 所示。这两款车都可由电机直接给车轮提供动力。

丰田普锐斯　　　　　　　　　　　　本田音赛特

图 8-1-2　丰田普锐斯和本田音赛特

3. 混合动力系统分类

哪种情况下使用发动机驱动？

【大万问】老师，混合动力汽车概念我们知道了。但在哪种情况下使用发动机驱动，哪种情况下使用电机驱动？这两种驱动力大小一样吗？两者的关系和比例是怎样的？

【叶博士笑道】呵呵，饭要一口一口地吃，问题要一个一个地回答，心急吃不了热豆腐。

1.2 节介绍了纯电动汽车在现阶段仍存在的一些不足，以及混合动力汽车上绿牌的情况。这里将比较深入地讨论。

（1）混动比

大万曾问，在混合动力汽车中，发动机和电机的驱动力是如何分配的。这里就引入"混动比"的概念。

定义：混动比即发动机和电机的驱动力之比，也可定义为电机驱动力在发动机驱动力中的占比。后者多用于专业的表述。

占比的设计原则是什么？我们知道，电机驱动需要电能。从理论上讲，电驱动力的需求越大，驱动电机的力矩就需要越大。电续航里程需求越长，电池容量就需要越大，这会导致所需要的电池体积越大。所以，二者的关系相对平衡，并不是哪一种占比越大越好，如图 8-1-3 所示。

（2）设计原则

混动比的设计首先依据整车的需求。通常情况下，微型车不考虑混合动力结构（燃油和纯电两种）。一般，小型或以上乘用车选用混合动力结构。其设计思路如下。

① 油电还是插电式

在前文中我们已经知道，油电混合动力汽车不能进行外部充电，因此不能上绿牌。而插电式混合动力汽车可以上绿牌。混动比在 50%以上的重混新能源汽车，纯电模式行驶的里程占总里程的 20%～60%（不同车型参数不同）。

② 降油耗和延长续航占比关系

加大电池容量显然可以提升续航里程，但电池质量会增加。同时，如果以纯电方式行驶的距离过长，不仅对电机的技术要求更高，且很容易就采用插电式混合动力的模式。所以一般情况下，油电混合动力汽车的混动比不超过 50%。

③ 在降油耗的前提下减少成本

前文介绍过，发动机在启动或上坡时，耗油量最大。如果通过电机驱动来解决启动和上坡的问题，就可以较好地解决降低油耗的问题。

发动机　　　　电动机

图 8-1-3　混动比的平衡关系

4.　不同油电混动比特点

【大万抢答】老师，我已经知道了，混动比就是根据车辆在设计时的定位来确定的！

【叶博士笑答】大万真是"渐入佳境"了。

（1）微混

微混指电机驱动仅用于车辆启动辅助，其自身驱动力不足以完全支持车辆起步。在发动机启停时，给予一定的辅助，从而降低发动机在车辆起步时的油耗，其作用如图 8-1-4 所示。这种方式采用 12V 或 24V 低压蓄电池供电，经济成本较低，但效果不明显，目前市场上应用的车型较少。微混作用如图 8-1-4 所示。

（2）轻混

轻度混合动力汽车采用的是集成式驱动电机。轻混相对微混而言，轻混除实现辅助发动机启停之外，还可以在整车滑行和制动时，进行一定的能量回收，且节油效果较为明显。

近年来比较典型的轻混车型都采用了 48V 模式。该模式首先由德系高端车（如奥迪、宝马、奔驰等）在 2011 年发明，并应用在一些高端车上。自 2020 年起，逐步被中低端车型采用。48V 模式的特点如下。

① 可提升电力驱动的电压和电量，更有利于整车实现发动机完全电子启停、辅助行驶、能量回收等，这些是 12V 蓄电池的电能无法完成的。

② 48V 仍属于安全电压，在整车电压安全防护设计上相对 12V 电压差异不大，成本较低。

③ 通过 48V 轻混模式，可有效提升燃油使用效率，油耗降低明显。从理论上讲，该技术节油率最高可达 20%，从而可有效减少排放。48V 轻混作用如图 8-1-5 所示。

图 8-1-4　微混作用

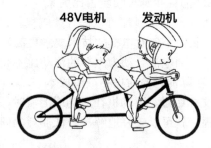

图 8-1-5　48V 轻混作用

【大万问】既然 48V 模式早在 2011 年就出现了，为什么到现在才大力推行呢？

【叶博士笑答】这个问题问得好，真有点"一针见血"！

上述技术虽然有很多优点，但将 12V 改为 48V（同时保留 12V），实际施行难度很大。整个驱动、控制、充电系统等都需要重新设计和测试。这需要高昂的研发费用，对企业有一定的压力，因此企业的积极性不高。

国务院发布的《节能与新能源汽车产业发展规划（2012—2020 年）》中明确表示：到 2020 年，当年生产的乘用车平均燃料消耗量降至 5.0 升/百千米，节能型乘用车燃料消耗量降至 4.5 升/百千米以下。按照这个标准，在现有 12V 电压基础上进行改造，无论如何也达不到国家规定的指标。这样企业才下大气力研发 48V 微混技术，并在近年逐步应用到各类车型上。

（3）中混和重混

在了解了微混和轻混之后，中混和重混的概念就很容易引出。中混和重混主要就是加大纯电驱动的占比。无论是中混还是重混都采用高压电机，且电池也为高压动力电池。一方面在性能上，加大了电机驱动的占比，从而获得更好的节油效果。但另一方面，因为采用了高压驱动电机，在安全绝缘等级上有了很高的要求，同时要加大动力电池的容量，在成本上有很大的增加。中混及重混模式如图 8-1-6 所示。

（a）纯电驱模式　　　　（b）发动机驱动+充电模式　　　　（c）发动机+纯电驱动模式

图 8-1-6　中混及重混模式

【叶博士提醒】从上面介绍的情况来看，油电混合动力总体分为两类，其特点如下。

① 低压混合动力。一般是指采用 12V 和 48V，两种均属于安全电压，防护等级较低，成本增加较少，油耗有一定降低，但效果有限。

② 高压混合动力。一般多采用高压电机，且加大动力电池占比，有一定的纯电行驶模式，但绝缘安全等级会升高，成本增加。

5. 插电式混合动力

插电式混合动力，顾名思义，就是整车除提供纯电模式驱动、发动机模式驱动之外，其电机驱动的动力电池还提供外部充电的功能。通常纯电模式可以提供 60～120km 的行驶里程。对于经常进行短距交通的车主，如果充电方便，可在短距行驶时全程使用纯电模式，不仅环保，且使用成本大大降低。插电式混合动力如图 8-1-7 所示。

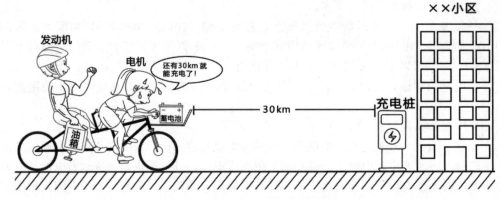

图 8-1-7　插电式混合动力

【叶博士自豪地介绍】中国新能源汽车近年来有很大的发展。2021年比亚迪新能源汽车销量为 59.3 万辆，全球排名第二，中国第一。其中比亚迪汉 EV 续航里程达 650km，比亚迪汉 DM-i 插电式混合动力汽车（见图 8-1-8）纯电模式下可行驶 121km。其相应技术都达到了世界领先水平。

图 8-1-8　比亚迪汉 DM-i 插电式混合动力汽车

【大万问】是不是所有混合动力汽车都可以称为新能源汽车？

【叶博士回答】不能简单地下结论。严格来讲，只有上绿牌的车辆，方可称为新能源汽车。但业内也有只要是用两种方式提供动力的均可以称为新能源汽车的说法。作为技术服务人员，一定要从专业角度去理解。只要清楚相应原理，就不难懂新能源汽车的含义了！

【大万伸舌头】……

本节涉及较多技术问题和知识，同学们在学习、思考和提问方面都有很好的表现。叶博士给我们做了深入浅出的解答和介绍。这里做个总结。

（1）【定义】拥有至少两种动力源的汽车，通常称为混合动力汽车。

（2）【分类】既可以按照油电和插电式分类，也可以按照混动比分类。

（3）【上牌】插电式混合动力汽车可以上绿牌，油电混合动力汽车只能上蓝牌。

（4）【特点】油电混合动力分为低压混合动力和高压混合动力两种。其各有不同特点。48V 轻混目前较为流行。

【名师解惑】   王利老师

问题 1：油电混合动力汽车的优点是什么？

问题 2：插电式混合动力汽车的优点是什么？

问题 3：插电式混合动力与油电混合动力有哪些差异？

问题 4：对于混合动力汽车，怎样判断是发动机工作还是电机工作？

问题 5：混合动力汽车的维护项目有哪些？

8.2 混合动力汽车的结构与省油特点

【大万问】听了老师讲混动比，我一直在想，混合动力汽车省油的原理仅仅是电力驱动和发动机驱动之比这么简单？另外，最近总是听说有一种车，叫作增程式混合动力汽车。这是什么车？和省油有什么关系？

【同学讨论】小周："省油不光与车相关，与驾驶也有关系。我老舅开出租车，经常和我讲他开车如何省油！"小李："我上周去 4S 店做市场调研，也注意到一些混合动力汽车发动机的排量和同规格燃油汽车的排量相比要小一些。甚至有些怀疑，这点儿排量，能驱动得了这么大的车？"

【叶博士解答】很高兴看到同学们观察越来越仔细，所提的问题也越来越专业。这说明大家都在进步。下面我们就来讨论这些问题。

1. 概念

在买车时，很多人都会关注油耗这个指标。首先来看汽车燃料消耗量标识，如图 8-2-1 所示。

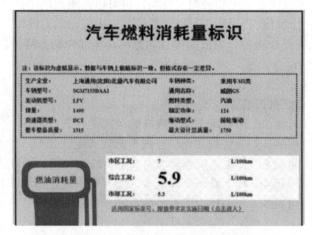

图 8-2-1 汽车燃料消耗量标识

这个标识是国家的统一标准。其油耗数值有 3 种，即市区工况、综合工况和市郊工况。但几乎所有车主在购车使用之后，都会发现其实际油耗都高于标准数值，有的甚至高出较高的数值。通常情况下，这个标准数值的产生伴随着这样一些因素。

（1）车辆自身的设计。比如采用轻混技术（如前文所述 48V 模式），从理论上讲，基本减少了车辆在启停过程中最耗油的环节，省油是必然的。

（2）采用了不同的驱动结构。如接下来要介绍的串联结构、并联结构和混联结构等。

（3）采用了不同排量，甚至采用了专门为混合动力汽车设计的发动机。

（4）还有一个重要的因素，就是这些数值确实是车辆行驶的真实数值，但测试时驾驶车辆的人都是具有多年驾龄的老司机，而且是在标准路况下，以经济速度行驶得来的。

【大万抢答】我知道了，比如在很平坦的马路上匀速行驶，车速达到 90km/h 以上，开始节省燃油（不同车型参数有偏差），10km 下来计算出的平均值就是标准值了。对吧！

【叶博士】赞！

但车主在实际开车的时候，几乎不可能有这样完美的情况，加之驾驶水平有差异，所以实际油耗肯定会超过标准值。同时，油耗与车况有一定的关系。一般来讲，新车磨合期间及行驶超过 15 万千米，油耗相对而言都会比较高。总体上讲，油耗与车辆结构、新旧程度、路况和驾驶水平等都有一定的关系。

2. 如何驾驶才最省油

（1）尽量保持中速行驶

对于燃油汽车，日常驾驶过程中，轻踩油门加速肯定是没问题的，但是不要一味地降低转速。因为燃油汽车转速为 2200～2500r/min 是比较省油的，过低的转速虽然省油，但是不能持久，而且极容易让车子积碳；而过高的转速会让发动机噪声明显，并且会增加油耗。

对于自动挡车型，只要正常踩油门就行了。如果是手动挡车型，尽量在高挡位行驶，因为挡位越高，力矩相对越低，油耗相对越低。但要注意不能出现拖挡现象（就是挡位过高，车速过低时，车身产生抖动）。所以，要根据车速及时换挡（这对新手而言有一定难度）。

（2）减少刹车频次

在开车时，要做到预判，过不去的红绿灯，尽量收油，利用惯性驾驶。不要一直跑到红绿灯面前，发现是红灯才一脚猛踩刹车！千万不要以为刹车过程是纯机械过程，其实刹车是非常耗油的。

（3）其他技巧

省油还有很多窍门，如尽可能减轻车的质量（如平时将备胎拿下来）。在加油时，不要加满，加到油箱的 2/3 就足够了。满油质量也会增加车辆的油耗。冬季时，尽量保持轮胎气充足，以减小轮胎与地面的摩擦力。夏天要降低胎压，温度过高会使轮胎表面平整度不足，也会影响油耗。

3. 混合动力汽车结构

其实，同样是混合动力汽车，根据不同的定位，往往会有不同的设计，采用不同的结构。其主要特点如下。

（1）发动机排量比较小

前文多处提到，汽车启动时往往需要较大的力矩（百千米加速时间就是具体的指标），在高速行驶过程中需要较大的功率。对燃油汽车而言，发动机既要有较大的力矩，也要有相应大的功率，所以排量过小就难以满足上述要求。而混合动力汽车由于利用了驱动电机低速力矩较大的特性，既可以弥补车辆启动力矩的不足，又可以在高速时给发动机增加辅助动力。这样就可以在减小发动机排量的基础上，满足车辆上述两个需求，从而达到既可以保证整车的动力性能，又可以降低油耗的目的。

【大万抢答】我有点理解了，如果有驱动电机的辅助，则发动机排量就可以降低，不仅动力能满足需求，也可以节省燃油。

【叶博士笑答】大万的理解越来越深入了！赞！虽然能举一反三，但仍不能一言以蔽之。

其实，类似的发动机早在 1882 年就由英国工程师詹姆斯·阿特金森发明出了（后来称为阿特金森发动机）。这种发动机的基本工作原理和传统发动机的并没有明显差异，活塞也经历进气、压缩、做功、排气 4 个过程。差异在于其压缩过程短于做功过程，如图 8-2-2 所示。

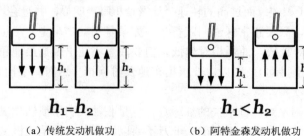

（a）传统发动机做功   （b）阿特金森发动机做功

图 8-2-2　发动机做功差异

　　这种差异的优点在于，做功行程较长，延长动力驱动时间，可提高燃烧效率，减少排放。但缺点在于由于压缩不足，在低速时力矩不大，加之做功过程长，其高速特性不如传统燃油发动机。阿特金森发动机如图 8-2-3 所示。

　　在混合动力技术发展的时代，具有这种特性的发动机恰恰是混动比为轻混及以上的汽车所需要的。

图 8-2-3　阿特金森发动机

【叶博士感叹】时代变化令人眼花缭乱。"明日黄花"又成今日之宠。

（2）串联结构

串联结构就是整车的动力体系是串联的，如图 8-2-4 所示。在业内称为增程式结构。

首先，从逻辑功能来看混合动力汽车的串联结构。

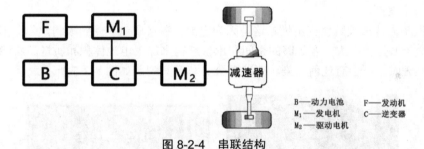

B—动力电池　　F—发动机
M_1—发电机　　C—逆变器
M_2—驱动电机

图 8-2-4　串联结构

【大万问】老师，我怎么看发动机都与车轮没有直接关系！那还要发动机做什么？去掉发动机，不就是纯电动汽车？

【叶博士笑答】大万看问题越来越入木三分了。

确实，从图 8-2-4 来看，如果拿掉发动机，实际上这就是一辆纯电动汽车，那么为什么还要讲解这种结构的新能源汽车？在市场上有实用的案例吗？

前文在介绍纯电动汽车时，都会谈到续航里程短和充电不方便这两个问题。这对需要跑长途的车主而言（即使不经常跑长途，偶尔跑也会感到不便），还是有顾虑的。当采用发动机提供动力，驱动发电机给电池充电，或直接给驱动电机提供电能，就可以打消车主跑长途的顾虑了！

【大万抢答】这就更不对了，发动机不直接驱动车轮，而是通过发电机给电池充电或驱动电机驱动车轮，这岂不是增加了能量损耗，多此一举！

【叶博士】赞！

分析一个案例。

电动汽车为什么续航里程不足？这是因为电池体积（质量）受到限制。公交车（特别注意，是公交车）体积很大，有足够的空间和承重结构来加大电池体积和质量。新能源公交车在城市里行驶时，不会有任何污染。新能源公交车及其牌照如图 8-2-5 所示。

图 8-2-5　新能源公交车及其牌照

上图牌照中尾号"D"表示纯电动公交车，"F"表示混合动力公交车。由于公交车空间和载重都足够大，看上去纯电模式就能满足行驶需求了。但公交车作为政府公共服务产品，关系到成千上万市民交通出行，尤其是在上下班的时候，一旦出现电力不足或者出现故障，导致大量乘客延误出行，对公交公司而言，就属于责任事故。所以，串联的混合动力结构模式在公交车上的应用优势就可充分体现。

① 空间大，容得下足够多的电池，基本上可以确保以纯电模式行驶，无污染。

② 公交车站相对集中（指终点或起点），场地较为空旷，采用换电模式，既不耽误充电，

也不耽误运营。

③ 紧急情况下，如电力耗尽、电池故障，发动机带动发电机给电机控制器供电，然后驱动电机工作，以保证将乘客送达公交车站，确保服务质量，到终点后再进行处理。

【大万问】串联结构的优势很清楚了，但还有两个问题：一是为什么在长途客车上很少看到串联结构？二是串联结构在乘用车上有应用吗？

【叶博士笑道】大万的思考越来越有深度了！真让人刮目相看！

长途客车需要长期高速行驶，这显然不适合用电机驱动。再者，长途客车的乘客行李较多，空间也是问题。如果始终采用发动机带动发电机再驱动电机进而推动车辆行驶，可真有点多此一举。不同的技术，适合应用在不同的场合！

至于串联结构在乘用车上应用——早在 2007 年，雪佛兰就上市了一款串联结构的沃蓝达乘用车。它虽引起业内关注，但最终因效能不理想，加之价格较高，推广效果欠佳，很快退出了市场。

【叶博士提醒】随着技术的发展，串联结构混合动力汽车又被提起。目前市场上有一款"理想 ONE"车型，就采用这种结构，而且引入了一些新的理念和技术，很值得同学们关注。

（3）并联结构

并联结构就是发动机和电机单独或共同完成驱动的行驶过程。这也是目前市场上混合动力汽车采用得较多的一种结构。并联结构如图 8-2-6 所示。

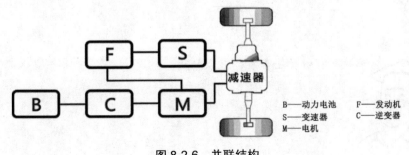

图 8-2-6　并联结构

从图 8-2-6 中可以看出，"发动机+变速器+减速器"系列仍然延续了燃油汽车所具有的驱动结构，同时具有电驱动的功能。

【大万问】图基本看懂了，但这种结构有什么优点？有哪些车采用这种结构？市场效果怎么样？

【叶博士笑道】大万问的问题越来越贴近市场了，可谓学以致用。只有这样才能将学到的知识应用到实际工作中去！

相对串联结构，并联结构的特点主要如下。

① 发动机直接驱动，无须转换，提升了效率。

② 保持了纯电驱动模式，在路况和电量许可的范围内，可减少污染。

③ 在复杂路况和高速行驶时，可提供"发动机+电机"驱动模式。

④ 由于发动机始终在经济区间高效运转，油耗明显下降。

⑤ 由于电机既可用于驱动又可用于发电，因此结构较为复杂，经济性较差。

市场上有较多混合动力汽车都采用了并联结构。如比亚迪 2019 款秦 Pro DM 超能版 1.5TI 自动智联劲尚型（1.5T 发动机，118kW 功率，245N·m 扭矩。加上永磁同步电机，110kW 功率，250N·m 扭矩。），其性能指标是相当不错的，如图 8-2-7 所示。

图 8-2-7 比亚迪 2019 款秦 Pro DM 超能版 1.5TI 自动智联劲尚型

（4）混联结构

【大万问】老师，前文讲了串联结构和并联结构，它们各有优缺点。有没有一种能将它们的优点相结合的结构？

【叶博士】有，混联结构。

混联结构就是将串联结构和并联结构进行综合所形成的结构。混联结构如图 8-2-8 所示。

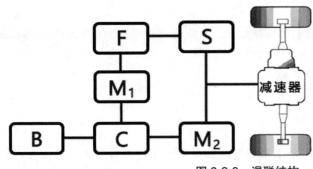

B——动力电池	F——发动机
M₁——发电机	S——变速器
M₂——驱动电机	C——逆变器

图 8-2-8　混联结构

从图中可以看出，混联结构与并联结构的区别仅仅在于增加了发电机，整个驱动结构没有根本变化。但它较前两种结构要复杂得多。较早引入国内的基于混联结构的混合动力汽车是丰田普锐斯混合动力汽车。总体来讲，混联结构综合了串联结构和并联结构的优点，动力输出、油耗水平，以及纯电行驶无污染等，都要优于前两种结构。但相对而言，由于其技术较为复杂且成本较高，所以一般混联结构多用于中大型乘用车。

【叶博士自豪地介绍】2022 年，比亚迪推出了比亚迪汉 DM-i 混合动力汽车。整车采用了双电机混联结构。

双电机混联结构主要特点如下。

① 充分利用了电机性能，取消了燃油汽车的传统变速箱。

② 安全性较高的刀片电池支持超过 100km 的纯电行驶里程。

③ 配置高性能大功率电机作为主要驱动。发动机在高效转速区发电，并在合适的工况参与驱动（如在高速公路行驶阶段），可大幅降低油耗。

④ 具有超长续航里程，油电综合续航里程超过 1200km。

⑤ 低油耗，高性能。亏电（电能耗尽后，由发动机驱动并同时充电）油耗 3.8 升/百千米。百千米加速时间为 7s。

比亚迪汉 DM-i 如图 8-2-9 所示。

上述性能指标超过了国内外知名品牌的同款混合动力汽车，甚至部分超过了同级别燃油汽车，体现出国产新能源汽车技术已处于"世界第一阵营"。

注：以上数据来自公开的汽车销售平台。

图 8-2-9　比亚迪汉 DM-i

4. 纯电动汽车与混合动力汽车之间的关系

【大万问】既然纯电动汽车没有污染也无须消耗燃油，那就应该大力发展啊！为什么还需要混合动力汽车呢？纯电动汽车不能完全取代混合动力汽车吗？

【叶博士解答】很多同学都有和大万相同的想法。这说明大家不仅关注当下的技术，还关注行业的发展。这里给大家解答一下。

（1）现状分析

截至 2021 年底，我国的机动车已超过 3 亿辆，其中新能源汽车占比较小。这意味着未来数年内，不太可能完全停止所有的燃油汽车生产（这是一条巨大的产业链，涉及数百万人就业）。采用混合动力方式，加之政策的引导（百千米油耗限量），使企业加大研发力度，运用新技术（如 48V 混动），创新和改进燃油汽车相关技术，降低油耗，提升性能。这样一方面可减少排放污染，另一方面有利于企业的良性发展。

（2）技术因素

纯电动汽车经数年发展，虽然取得不小的进步，但相对燃油汽车近 200 年的历史而言，尚有很大差距，动力电池、驱动模式等都有很大的提升和改进空间。尤其是电池容量、安全性、温度特性（如冬季电池性能下降等）、充电时间等技术难关的攻克都需要较长的时间，而在燃油汽车的基础上进行升级改造，不失为一个很好的方法。

（3）建设因素

无论是纯电动汽车还是插电式混合动力汽车都需要外部充电，充电站、充电桩的布设和建设就成了一个巨大的建设工程。若直接禁止燃油汽车，不仅现有的全国加油站体系会受到严重冲击，且充电设施和电力在短时间内难以满足需求。

【叶博士深有感触地说】看问题，不能仅看一个方面，要学会从多方面、多角度来分析。同样，我们在以后的学习或工作中，也不能仅看表面现象，而要学会全面了解和分析。例如，当一辆纯电动汽车和混合动力汽车仪表盘都出现了"🔋"，如图 8-2-10 所示，它们的剩余可行驶里程是不一样的！只有掌握其工作原理和技术特点，才能正确有效地理解。

图 8-2-10 乌龟符号

本节内容较多，以介绍混合动力汽车为主。叶博士做了很好的讲解，这里做个总结。

（1）【结构】混合动力汽车不同结构对其性能影响很大，主要有串联结构、并联结构、混联结构 3 种。

（2）【串联结构】串联结构看上去效率低，但可以采用小排量发动机且让发动机始终处于一个高效率区间工作，达到降低油耗的目的，且应用于不同场合有不同效果。

（3）【并联结构和混联结构】并联结构和混联结构是目前的主流，近年来国产混合动力汽车技术有了很大的发展。

【名师解惑】 吴永森老师

问题 1：汽车在城市道路工况行驶的油耗，为什么会比在高速公路巡航驾驶的高？

问题 2：混合动力汽车串联结构设计是否多此一举？

问题 3：混联结构混合动力汽车比起串联结构混合动力汽车和并联结构混合动力汽车有何优势？

问题 4：混合动力汽车在什么样的条件下发动机开始工作？

问题 5：比亚迪混合动力汽车技术有哪些优点？

8.3 选择混合动力汽车的小技巧

【大万说】我大哥想买一辆新能源汽车，看了很久，觉得买一辆混合动力汽车更好！由于不懂混合动力汽车，所以一直不知道该买哪款，他来咨询我。虽说我了解一些混合动力汽车知识，但真要说清楚，心里还有些发虚。

【同学讨论】小李："那要看大万的哥哥想买什么，主要用途是什么，这样就好推荐了。"小周："对！关键是买来干什么，是家用，还是运营。"小吴："另外，买车成本预算也是需要考虑的，不同品牌、不同类型的混合动力汽车价格也是相差蛮大的。"

【叶博士解答】同学们定位比较准！首先要知道想买的车主要需求是什么！这里给大家讲解一下。

1. 为什么要买车

油价高涨、充电不方便是买车人的忧虑。

（1）买车定位

为什么买车？上班、商务、旅行、还是多者兼顾？根据不同的定位，可以对相应的车型有一个比较清晰的选择范围。

（2）性能需求

买车，看上去是工作或生活需求，其实也是一种心理需求。

指标分类：主观指标（指外观、内饰、品牌、空间、颜色等）和客观指标（参数、油耗等）。这两种指标很难做到面面俱到，只能根据需求取舍，如图 8-3-1 所示。

图 8-3-1　都想要

2. 车辆指标

【大万抢答】这我知道，汽车指标不就是排量、油耗等对吧！排量当然是越大越好呀！

学海无涯，
虚心学习。

【叶博士笑道】学海无涯，同学们一定要虚心学习！

前文讲到，车辆的指标有主观指标和客观指标两类。

（1）主观指标

车辆的主观指标主要体现在品牌（品牌是指消费者对产品及产品系列的认识程度）。品牌不仅体现在价格上，更体现在人们的认可度上。在国内，品牌主要有进口、合资、国产 3 类。品牌的认可度还在外形、颜色、内饰上有所体现。总体来讲，主观指标不只是具体的数值，更多的是心理上的认可！

（2）客观指标

车辆的客观指标是指能用具体参数来衡量的指标，主要有如下客观指标。

① 空间指标

空间指标反映车辆空间的大小，即长×宽×高（单位为 mm），间接体现乘坐的舒适度，如图 8-3-2 所示。

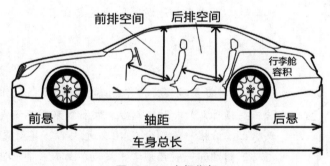

图 8-3-2　空间指标

② 动力指标

动力指标主要体现车辆的行驶性能。作为混合动力汽车，主要有如下动力指标。

a．发动机排量。对于不同混动比的汽车，排量指标的重要性不尽相同。对微混和轻混而言，动力主要体现为发动机排量的大小。而对于重混和插混，发动机排量就成为次要因素。如比亚迪汉 DM-i 的主要动力来自驱动电机。动力指标如图 8-3-3 所示。

b．驱动电机动力。同上所述，采用重混或插混的汽车，驱动电机的功率和力矩均为关键指标。在关注混合动力汽车动力指标时，将发动机和电机动力指标（功率或力矩）相加，才可得出整车动力指标。

c．续航里程。该指标有两个参数，一是纯电模式行驶里程，二是综合行驶里程。纯电模式行驶里程决定是否能满足在市区上下班的需求，综合行驶里程则决定长途驾驶是否能高枕无忧。

图 8-3-3　动力指标

d．综合油耗。综合油耗是油价居高不下时的重要指标，一般是指无电油耗，即电能耗尽，由发动机驱动（同时充电）行驶的情况下的油耗。一般来说，插电式混合动力汽车和重混车的综合油耗低于同级别燃油汽车的 60%。

【大万问】从车型指标上看，还有很多有关的动力指标，如发动机缸数、百千米加速时间等，这怎么看？

【叶博士笑答】确实。汽车的参数有很多。但作为客户，只需关注主要指标，如发动机缸数。大多数乘用车都是四缸，若为六缸或以上，价格一般都会在 40 万元左右，甚至更高。所以，40 万元以下的预算一般无须考虑发动机缸数。再如百千米加速时间，在燃油汽车中是体现力矩大小的重要指标，但在混合动力汽车或纯电动汽车中，该指标一般均优于同类的燃油汽车，所以该指标的重要性就减弱了。

3.　智能化功能

目前大多数乘用车都有各种智能化功能，而一些中低端乘用车也实现了类似的功能。一方面 4S 店销售顾问都会积极推荐具有这些功能的汽车；而另一方面，在实际使用中，建议驾驶员只将智能化功能用于辅助驾驶，不能放手完全依赖自动驾驶。

（1）常用及较实用的智能化功能

自适应巡航、泊车辅助、车道偏离警告、盲点检测、后方碰撞警告、停车协助/环视等车辆自带的安全功能，如图 8-3-4 所示。

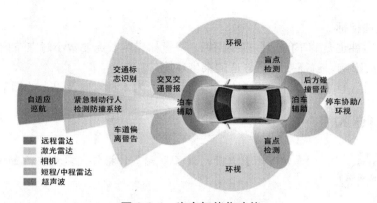

图 8-3-4　汽车智能化功能

（2）实用性较差的功能

实用性较差的功能有发动机自动启停、道路偏移报警、自动泊车等。

【大万问】听说发动机自动启停功能很好用，可减少污染。

【叶博士笑答】确实。该功能用得好，可以省不少油。通常车辆多设置为自动"开启"状态，一启动车辆启停功能就开启了。

再说自动泊车（见图 8-3-5）功能，理论上它很好，但实际上很危险。如在倒车过程中，有小孩或宠物乱跑，极易发生事故，最重要的是事故责任难以认定，容易"自找麻烦"。

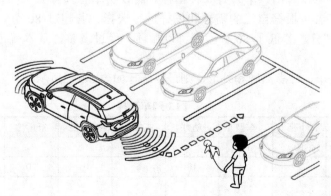

图 8-3-5　自动泊车

（3）舒适性指标

乘坐的舒适性也是购车的一个重要指标。毕竟如果跑长途要数小时在车内，且受一年四季的温度变化的影响，就需要有更舒适的乘坐环境。

座椅的调节，有手动和自动两种方式。自动还分为 4 种方向及以上的调节及加热功能。

4. 如何选购

【大万问】老师，说了半天各种指标，究竟应该如何选购呢？

【叶博士笑道】好，现在来揭开"庐山真面目"！

任何人买车，无外乎关心品牌、外观、动力等各种指标，但大多数人因费用及其他原因，不可能在所有指标上都选择最高或最好的，必定会在一些指标上进行取舍，如表 8-3-1 所示。

表 8-3-1　　　　　　　　　　　　　　　　购车指标

级别	品牌	外观	车型	动力	空间	智能性	舒适性	颜色	合计
高	15	10	10	15	10	15	15	10	100
中	12	6	12	10	6	10	10	6	72
低	8	4	8	6	4	6	6	2	44

注：品牌——进口/合资/国产。车型——轿车/SUV/MPV。

从表 8-3-1 中可以看出，车共有 8 种指标。假设买车总预算为 15 万元（裸车），可定义为 80 分，购车者可根据自己的需求和偏好进行选择。若超过 80 分，即在不增加预算的情况下，只有减分。若低于 80 分，则可以加项。经过调整，基本就可以确定购车的基本需求。

例 1：选择轿车，在意品牌和外形，则最终选择如表 8-3-2 所示。

表 8-3-2　　　　　　　　　　　　　　　　例 1 购车选择

级别	品牌	外观	车型	动力	空间	智能性	舒适性	颜色	合计
高	15	10	10					10	45
中				10	6	10	10		36
低									0

显然，牺牲了动力、空间等指标。如宝马 3 系（标配）。

例 2：同样选择轿车，可以是合资车，外观一般，但想要有良好的动力和空间，选择如表 8-3-3 所示。

表 8-3-3　　　　　　　　　　　　　　　例 2 购车选择

级别	品牌	外观	车型	动力	空间	智能性	舒适性	颜色	合计
高			10	15	10		15		50
中	12					10		6	28
低		4							4

在满足动力和空间的情况下，需要放弃部分智能性和颜色。这种级别的合资车比较多。

例 3：需要 SUV，空间和舒适性要有保证，那么可以不那么看重品牌，选择如表 8-3-4 所示。

表 8-3-4　　　　　　　　　　　　　　　例 3 购车选择

级别	品牌	外观	车型	动力	空间	智能性	舒适性	颜色	合计
高		10	10		10		15		45
中				10		10		6	26
低	8								8

选择奇瑞瑞虎 8 PLUS 混合动力汽车就比较合适。

【叶博士说】很多情况下，买车并非都要理性选择、精准计算，而与朋友推荐、销售顾问介绍和第一眼感觉有很大的关系。因此上述数据仅供参考。此外，从上述案例可以看出，购车时放弃的大多是智能化功能。这也说明了，有些智能化功能并不是很实用。

本节虽然讲解的是一些技术指标，但对大多数非专业人士而言，也很有参考价值。叶博士给我们做了很好的分析，这里做个总结。

（1）【定位】买车首先要有明确的定位。

（2）【指标】主要有动力、空间、智能化和舒适性等基本指标。

（3）【要素】在预算固定的情况下，进行一定的取舍，方可满足基本需求。

【名师解惑】 吴永森老师

问题 1：“上班族”选择增程式混合动力汽车是否合适？

问题 2：比亚迪汉 DM-i 是否比增程式混合动力汽车更好？

问题 3：是不是纯电动汽车的续航里程越高越好？

问题 4：新能源汽车中的什么技术最关键？

问题 5：油电混合动力汽车为何无法享受“绿牌特权”？

9.1 新能源汽车电池充电的必要性

【大万问】经过一段时间的学习，我和同学们都了解了不少新能源汽车的相关知识。但我对电池充电的事情一直有一些疑问。比如，燃油汽车也有电池为什么不用充电？油电混合动力汽车也有电池，为什么也不用充电？还有新能源汽车电池充电和我们的手机充电有什么区别？

【同学讨论】小李："我知道，只要是新能源汽车都需要充电！"小周："我也知道新能源汽车肯定需要充电，但我发现有些新能源汽车没有充电口，这该怎么充？"

【叶博士解答】经过一段时间的学习，同学们对技术都有了较深的认知，所提问题也有了一定深度，这很好。

1. 概念

电池作为常见的日用品，应用十分广泛。电池主要分为一次性电池和可充电电池两类（见图 9-1-1）。前者电能用完之后，电池本身就没有用了。家用挂钟、电视遥控器、家用空调遥控器等大多都使用一次性电池。

可充电电池，即电能消耗完之后，可以通过充电的方式补充的电池。充满电后，仍可以继续使用其功能，最典型的就是手机电池。因此，手机电池容量和充电时间成了手机的重要指标之一。

无论是燃油汽车还是新能源汽车，所使用的电池都是可充电电池。相对手机电池而言，汽车上的电池在体积、质量、电压或容量上的差异都很大。加上汽车本身具有移动属性，所以充电的设备和方式不尽相同。

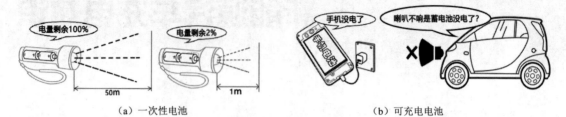

（a）一次性电池　　　　　　　　　　　（b）可充电电池

图 9-1-1　各类电池特性

2. 新能源汽车有哪些电池

> 无论是纯电动汽车还是混合动力汽车，都含有电池（但不一定都是动力电池），都需要充电！

（1）纯电动汽车

对于纯电动汽车，动力电池是其唯一动力源，因此外部充电是唯一获得电能的方式。由于动力电池中的电是高压直流电，而在外部最容易获得的是民用 220V 交流电，因此基于 220V 交流电的外部充电桩（枪）就成为纯电动汽车充电的方式之一，如图 9-1-2 所示。但因为电压属性（交直流）不同，从理论上讲，外部 220V 交流电不能直接充到动力电池上，还需要通过交流转直流的装置。所以，纯电动汽车售卖后一般都会附赠一个装置。

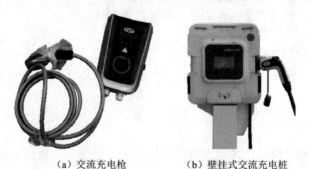

（a）交流充电枪　　　　　（b）壁挂式交流充电桩

图 9-1-2　交流电充电装置

前文介绍过，纯电动汽车中有很多与燃油汽车相同的部件，如雨刮器、灯光、车窗等。它们所使用的也都为 12V 直流电，蓄电池也都需要充电。因此，纯电动汽车还需要有一个称为 DC/DC 转换器的电压转换器，用于将动力电池的直流高压电转换成约 14V 的直流低压电，给 12V 蓄电池充电。

（2）混合动力汽车

【大万问】混合动力汽车的电池充电方式是否完全和纯电动汽车的一样？

【叶博士答道】一样，也不一样！

　　根据混动比和油电混合动力汽车与插电式混合动力汽车两类的差异，它们在电池充电方面也存在共同点和不同点。

　　① 油电混合动力汽车充电。如果是微混或轻混（含 48V）汽车，理论上 12V 和 48V 蓄电池均由发动机带动发电机对其进行充电。如果是重混及以上汽车，就需要高电压的动力电池。一种方案是由发动机带动高压发电机经过交直流转换后给动力电池充电；另一种方案是低压发电机通过升压并转换成直流再给动力电池充电，如图 9-1-3 所示。

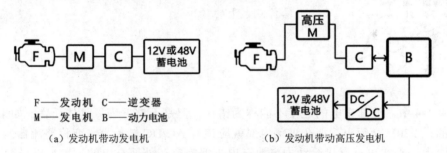

F——发动机　C——逆变器
M——发电机　B——动力电池

（a）发动机带动发电机　　　　　　　　（b）发动机带动高压发电机

图 9-1-3　油电混合动力汽车电池充电

【大万问】老师，在第二种方案中，低压发电机在经过转换后，就可以直接给动力池充电了，是不是？

【叶博士笑道】大万对问题的理解越来越深入了！给你点赞。

② 插电式混合动力汽车充电，一方面可以直接从外部进行；另一方面可以在行驶的过程中，利用发动机带动发电机再经过内部转换后进行。插电式混合动力汽车动力电池充电如图 9-1-4 所示。

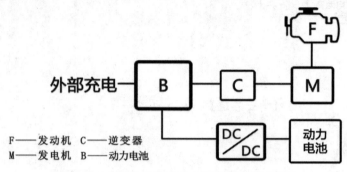

F——发动机　C——逆变器
M——发电机　B——动力电池

图 9-1-4　插电式混合动力汽车动力电池充电

【大万问】老师，上图有错误！外部充电采用的是 220V 交流电，怎么能直接给动力电池充电？动力电池中的电是高压直流电！

【叶博士笑答】我对大万真是刮目相看！大万都能发现图中的不足了！给你点大大的赞！

图 9-1-4 中，外部充电的连接不能称为错误，但是不够严谨。具体而言：如果外部充电采用的是 220V 交流电，那么车辆内部就应该有 AC/DC 转换器（亦称整流器）。如果是高压直流电，确实可以直接给动力电池充电，但需要在外部充电的位置加以说明。

3. 新能源汽车充电

不同的新能源汽车有不同的电池，但有两个共同点：一是所有电池中的电均为直流电（有高压和低压两种）；二是无论何种电池，在电能消耗到一定程度时，都需要充电。

（1）内部充电

油电混合动力汽车中无论是高压动力电池还是 12V 或 48V 的蓄电池，充电均采用内部充电模式，其动力均来自发动机。需要注意的是，如果发电机相同，在对各类电池充电时，均需要进行交流至直流的整流转换。但动力电池涉及高压电，因此，相应的整流器也有所不同。

如奇瑞瑞虎 8 PLUS 混合动力汽车采用 48V 技术，其充电的基本原理如图 9-1-5 所示。

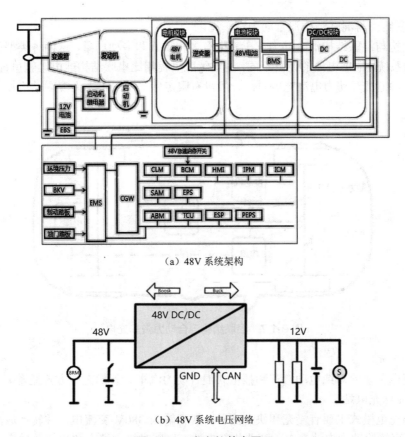

（a）48V 系统架构

（b）48V 系统电压网络

图 9-1-5 充电的基本原理

油电混合动力汽车虽然基于内部充电模式，但由于车辆的动力结构不同，相应的充电路径也不同。

① 串联结构混合动力汽车充电

串联结构混合动力汽车是指由发动机驱动发电机产生电能驱动电机，同时向电池系统提供部分能量。各动力部件之间非机械连接的特点就是可以去掉传统车辆的动力传动系统，提高布置的灵活性。图 9-1-6 所示为串联结构混合动力汽车充电。

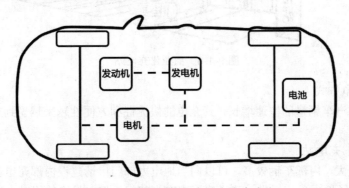

图 9-1-6 串联结构混合动力汽车充电

② 并联结构与混联结构混合动力汽车充电

并联结构与混联结构混合动力汽车充电有多种形式和多种场景，这两种类型的车辆本身有两套驱动系统，根据电池的设置不同，纯电续航里程相比串联结构纯电续航里程有所不同。发动机带动发电机对动力电池充电时，一般没有限定盾。图 9-1-7 为混联结构混合动力汽车充电。

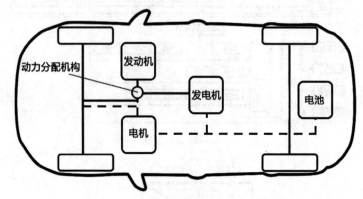

图 9-1-7　混联结构混合动力汽车充电

（2）外部充电

外部充电主要针对纯电动汽车和插电式混合动力汽车。外部充电方式通常分为两类。

① 商业化充电站

目前的充电模式主要有慢充和快充两种。快充输入 380V 交流电，并转换成约 400V 的直流电，可直接给动力电池充电。商业化充电站可以同时提供慢充和快充两种模式，供客户选择，如图 9-1-8 所示。

图 9-1-8　商业化充电站

② 其他充电方式

随着新能源汽车销量的快速增长，其充电的快捷性和方便性越来越受到重视，其他充电方式主要如下。

a. 单位内部充电站

单位场地较大，内部车辆较多，可以向当地电力部门申请建设内部充电站，包括快充站和慢充站。一般场地由单位提供，建设费用由电力部门承担。最终使用时由建设部门提供相应的 App 来支持客户充电，当然费用也由建设部门收取。

　　b．小区停车场充电站

　　小区车辆逐渐增多，在停车场场地相对充足的情况下，也可以采用单位内部充电站的方式为客户提供充电服务。但类似充电站大多提供慢充服务，一般不提供快充服务。

　　c．个人充电

　　随着住宅条件的改善，有条件的车主可以使用家中的 220V 交流电直接充电。需要注意的是，个人充电必须使用额定电流大于等于 16A 的线缆和插座。收费则依据民用电价。

　　本节中，结合同学们的讨论和提问，叶博士从电池和车辆种类几个方面介绍了新能源汽车动力电池充电情况。这里做个总结。

　　（1）【定义】充电系统是新能源汽车主要的能源补给系统。

　　（2）【分类】新能源汽车分为纯电动汽车和混合动力汽车两种。其中混合动力汽车又分为油电混合动力汽车和插电式混合动力汽车两类。

　　（3）【特点】纯电动汽车仅适用于外部充电，插电式混合动力汽车既适用于外部充电又适用于内部充电。

　　（4）【外部充电】外部充电分为慢充和快充两类。通常有商业化充电站、单位内部充电站、小区停车场充电站和个人充电 4 种方式。

【名师解惑】　李兵老师

问题 1：混合动力汽车和纯电动汽车的动力电池有何差异？

问题 2：插电式混合动力汽车和非插电式混合动力汽车的动力电池有何差异？

问题 3：如何确定动力电池的电已充满？

问题 4：什么是新能源汽车内部充电？

问题 5：什么是新能源汽车外部充电？

9.2　快充和慢充的特点

【大万问】新能源汽车发展迅速，一日我路过一充电站时，发现有一台新能源混合动力汽车在使用快充方式充电。在我的认知里，混合动力汽车只支持慢充，怎么会支持快充呢？

【同学讨论】小李："快充非常方便！不过插电式混合动力汽车好像只支持一种充电方式，那就是慢充，大万会不会看错了？"小周："我还是觉得慢充好，对电池的伤害小！"

【叶博士解答】首先要肯定大万没有看错！同学们的看法也基本正确，看来大家都逐渐进入了学习状态，并能应用知识到实际生活中。下面就新能源汽车的充电技术给大家进行讲解！

1. 概念

9.1 节说到，凡是汽车电池（无论是燃油车还是新能源汽车）都需要充电，且充电分为外部和内部两类。

外部充电方式主要分为慢充和快充两类。近年来又出现了换电的方式。仅从时间上讲，换电时间最短，快充其次，慢充最慢。但实际上并非如此简单，不同类型的充电方式，还各有特点。

2. 充电口

（1）仪表显示

燃油汽车都有加油口，在仪表盘上不仅显示油量，还显示加油口位置，如图 9-2-1 所示。

【小朱说】我知道，这表示加油口在车的右侧！

【叶博士笑答】不错，看上去很简单的符号，很多驾驶员都不知道它意味着什么，往往在需要加油的时候，车都停下来了，才发现加油口在另一边。

同样，电动汽车的仪表盘上也有类似的充电口符号，如图 9-2-2 所示。

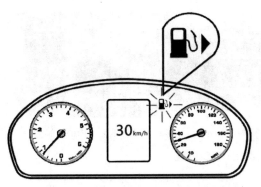

图 9-2-1　燃油汽车仪表盘上的加油口符号

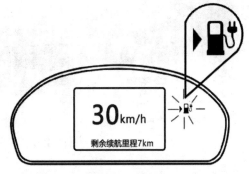

图 9-2-2　电动汽车的仪表盘上的充电口符号

（2）充电口

慢充所提供的电是 220V 交流电，快充提供的电是高压直流电。二者不仅充电枪不能通用，其对应的充电口也不能通用。

① 慢充

慢充基于 220V 交流电进行，采用的是 7 孔，慢充口和充电枪如图 9-2-3 所示。需要注意的是，大多充电插座为阴口（孔的形式），充电枪为阳口（针的形式），但也有少数相反。在使用之前需要注意观察确认。

② 快充

快充基于 380V 交流电经充电桩内部转换成高压直流电后，给车辆进行充电。快充采用的是 9 孔，快充口及充电枪如图 9-2-4 所示。快充设有单独的充电枪，与充电口契合度较高，但在充电前，仍需要认真检查充电枪与充电口的契合度。

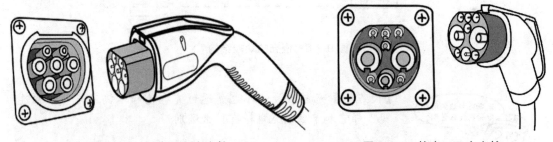

图 9-2-3　慢充口和充电枪　　　　　　　图 9-2-4　快充口及充电枪

③ 充电口

无论是纯电动汽车，还是插电式混合动力汽车，车身上都会有充电口。其类型分别如下。

● "慢充+快充"双口：多数纯电动汽车。
● 单独慢充口：多数插电式混合动力汽车。
● 单独快充口：少数插电式混合动力汽车。

不同车型，充电口的位置不尽相同，如图 9-2-5 所示。

(a) 奇瑞小蚂蚁（后侧）　　　(b) 比亚迪秦（前端车标处）　　　(c) 大众江淮思皓 E10X（前侧）

图 9-2-5　不同车型的充电口位置

【叶博士特别提醒】大万看到的混合动力汽车带快充口的车型，很有可能就是比亚迪秦系列车型。比亚迪使用了自己研发的电池，在一定程度上，增加了快充次数，从而提升了充电效率。随着电池技术的发展和性能的提升，快充的使用频率会进一步增加。

3. 慢充

慢充是新能源汽车最常见的一种充电方式。由于慢充采用为民用 220V 交流电，在住宅、小区或充电站都可以方便地进行充电。慢充的功能结构如图 9-2-6 所示。

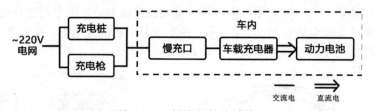

图 9-2-6　慢充的功能结构

【大万问】充电桩最终不也是通过充电枪和车辆的充电口相连吗？那它和单独的充电枪有什么区别？

【叶博士笑道】大万只知其一，不知其二。

新能源汽车慢充连接通常分为 4 类，如表 9-2-1 所示。

表 9-2-1　　　　　　　　　　　　　　　慢充连接分类

类别	名称	特征	充电电流	充电时间
A	充电枪	直接连接，无保护	8～10A	14～18h
B	充电枪	直接连接，有保护	16A	8～10h
C	壁挂式充电箱	直接连接，有保护	31A	8～10h
D	充电桩	直接连接，有保护	16A	8～10h

从表 9-2-1 来看，其共同点都是可以直接连接，不同点在于过载、短路、断路保护和充电电流存在差异。其中 A 类充电枪由于没有保护，基本上已经被淘汰。B 类和 C 类充电设备多为购车时随车赠送。图 9-2-7 所示为大众江淮思皓 E10X 和奇瑞大蚂蚁随车赠送的慢充设备。

（a）大众江淮思皓 E10X 随车赠送的慢充设备　　　　（b）奇瑞大蚂蚁随车赠送的慢充设备

图 9-2-7　车企赠送的慢充设备

【叶博士特别提醒】B 类和 C 类充电设备虽说可以直接使用家用 220V 交流电，但其电流要求大于等于 16A。在使用时，仅可以使用家庭的 16A 空调插座。如果要外接线缆，一般要使用符合国标要求的三芯铜线电缆；如 7kW 交流充电桩（$I=P/U=7000/220≈32A$），需要选择 6mm² 的铜芯电缆和 32A 三孔插座，那么 3.3kW 交流慢充充电桩选择 4mm² 的铜芯线缆 16A 三孔插座。安装交流慢充充电桩要以使用说明书为准。如使用低于该标准的线缆和插座，长时间充电容易引发火灾！

新能源汽车的慢充方便客户在充电站和小区，甚至在住宅进行，晚间充电还可以享受峰谷电价。另外，由于电池自身的特性，较长的充电时间有利于电池内部电荷的均匀分布和移动，延长电池使用寿命；但缺点是充电时间过长，尤其是在长途旅行时中途充电，用户很难接受。

4. 快充

快充也是新能源汽车的一种充电方式，其功能结构如图 9-2-8 所示。

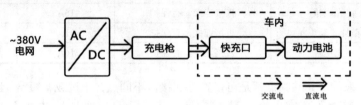

图 9-2-8　快充的功能结构

从图 9-2-8 可以看出，虽然电网输入的是 380V 交流电，但在快充充电桩内已经转换成高压直流电，通过车辆的快充口可以直接对动力电池进行充电。因此，快充采用的是高压直流电，在车内无须进行转换。

采用高压直流电对动力电池进行充电相对慢充而言，充电时间大大缩短。但由于电池种类和特性不同，相对充电时间也有差异。如比亚迪汉充电 10min 可续航 135km，由 30% 充电至 80% 仅需 25min。奇瑞艾瑞泽 5e 充电 30min，可充电至总电量的 80%。

【大万问】快充这么好，还要慢充做什么，都用快充不就可以了吗？

【叶博士答道】凡事均有利弊，快充也不例外！

仅从充电时间来看，快充远高于慢充，但也有一定问题。

（1）电池性能虽有提升，但相对慢充而言，快充仍不利于延长电池使用寿命。

（2）由于快充时间很短，充电期间温度很高，在夏季，出于保护电池的要求，会适当延长充电时间。

（3）快充充电桩［见图 9-2-9（a）］价格较高，加上安装费用，单台价格近 2 万元，相对慢充充电桩而言价格要高很多。

（4）快充无论是交流输入还是直流输出，都是高压电。因此，如果使用多台快充充电桩，还需要安装配电箱，如图 9-2-9（b）所示。

综上所述，快充充电桩，大多安装在商业化充电站或单位内部充电站，小区或住宅一般不宜安装。

（a）快充充电桩　　　　　　　　（b）配电箱

图9-2-9　快充充电桩和配电柜

5．换电技术

　　虽然快充较慢充节省了很多时间，但慢充可以利用峰谷电价差，并且相对加油而言，快充的充电时间还是偏长。近年来，出现了第三种方式——换电。

　　只要是电池，就需要充电，只要是充电，就需要经历将电能转换为化学能的这个过程。从理论上讲，省去这个过程是不可能的。因此，快充可以缩短的时间也是有限的。换电，顾名思义，就是用已充满电的电池替换掉即将耗尽电能的电池。从理论上讲，这个更换的过程完全是物理行为，与能量转换无关，如图9-2-10所示。

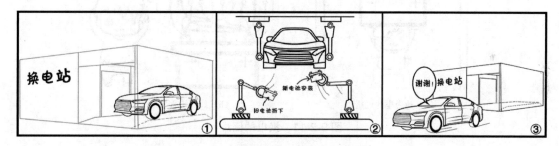

图9-2-10　换电

【大万问】我有问题！如果我的车是新车，你给我换上了旧电池，将来出了问题算谁的责任？另外，如今市场上有无换电的新能源汽车？

【叶博士笑答】问得非常好，真是一语中的！

（1）租电

确实存在这样的问题，新车的电池若是你的财产，更换后不会轻易流通，这里就引出了另一种方式——租电。

租电，顾名思义，就是客户买车，但不买电池，而租赁电池。这样一来，不但解决了上述问题，还节约了客户的购车费用。下面参考某品牌的租电项目。

裸车价 40 万元，如采用租电方式，则裸车价为 32 万元，可省 8 万元。电池租赁费用为 900 元/月，则一年 10800 元，8 年 86400 元。相对而言，大多数车主是可以接受的。

一旦租电可行，则使用过程中的换电难题就迎刃而解了。因为电池是租赁的，所以无论换电站更换的是新电池还是旧电池，其所有权都是厂家的。当然其责任也是厂家负了。

（2）换电技术

换电的理念并不复杂，更换电池即可。但由于动力电池很重，再加上接口电缆和信号都较为复杂，一方面要用专用设备拆卸电池，另一方面要确保更换过程线路连接的完整性，如图 9-2-11 所示。

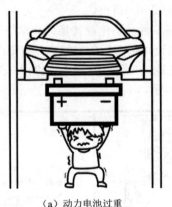

（a）动力电池过重　　　　　　　（b）线路连接复杂

图 9-2-11　换电的困难

由此可见，可换电的新能源汽车，一方面车辆自身要具备换电的基本条件（如安装位置、拆卸的方便程度、连接电缆的接口设计等），另一方面要有适合进行换电的设备（涉及动力电池和连接电缆的拆卸及安装）。

目前国内有北汽新能源的北汽 EU 快换版，以及蔚来 ES6、ES8 两类车型可采用换电方式。以蔚来纯电动汽车 ES6（见图 9-2-12）换电为例。

图 9-2-12　蔚来 ES6 纯电动汽车

将车辆驶入换电站指定位置（请注意，一定要停在指定位置），此时换电站介入（驾驶员仍可以坐在驾驶位上），换电全程不到 4min（其间无须驾驶员做任何操作）。

（3）换电现状

换电有很多优点，但也有缺点。

① 换电解决了充电时间长的问题。

② 换下来的电池，既便于检修，又可以利用峰谷时间进行充电，降低用电成本。

③ 对于换电的车型，其电池的结构及安装方式、接口与各种电缆的连接，都要进行标准化设计。目前尚无此类统一标准。

④ 换电站的建设成本远比充电桩的高得多，目前普及还存在不足。

本节叶博士就充电技术及相关问题给我们做了深入浅出的解答，同时介绍了换电技术，让我们受益匪浅。这里做个总结。

（1）【模式】充电模式主要有快充和慢充两种。

（2）【差异】直流快充和交流慢充各有其优点和缺点。

（3）【换电】换电是新技术，还有租电，但目前应用不够广泛。

【名师解惑】　李兵老师

问题1：慢充用在什么场合？快充为什么对电池的伤害大？

问题2：作为电动汽车车主，通常采用何种方式充电？为什么？

问题3：如何简单识别快充充电桩和慢充充电桩？

问题4：为什么直流充电时间短？

问题5：快充为什么会影响动力电池的使用寿命？

新能源汽车和未来智能网联的关系

10.1 智能网联对汽车的影响

【大万说】我们学习新能源汽车技术已经有一段时间了，最近学校安排我和同学们去企业实习。在企业里我看到很多车标有 2 或 2 级自动驾驶功能，加上经常看到一些车有越来越多的自动功能，再联想到经常听说的智能网联技术，既因未来一定会涉及这些技术而感到兴奋，又因相关知识贫乏而感到困惑！

【同学讨论】小李："周一上课坐公交车太堵了，差点迟到，真不知道未来汽车还怎么开呢！"小周："确实是，现在的汽车越来越多，该如何减少堵车呢？都说智能网联汽车很智能，能解决堵车的问题吗？"

【叶博士解答】很高兴看到同学们进入了实习阶段，当接触到企业和新技术的时候，既感到技术发展很快，又担心跟不上。其实智能网联汽车就在我们身边，本节将重点进行介绍！

1. 概念

2010 年，全国汽车保有量约为 7800 万辆，其中私人汽车占比约 76.12%。至 2020 年，全国汽车保有量达到 2.81 亿辆。其间增长约 279%。车辆越来越多，在路上就容易堵车，很多城市都变成"堵城"，如图 10-1-1 所示。

车辆越来越多，一方面容易造成堵车，另一方面交通事故率随之上升。所以，在应对策略上，应科学规划，增加交通道路并举。截至 2021 年 4 月，中国高速公路总里程约 16 万千米，位居世界第一。加上普通公路和城市道路，我国已初步建成完整的交通网络。

图 10-1-1　城市堵车

以车路协通为基础，充分提高现有道路的利用率和安全行驶效率已成为智能交通亟待解决的问题。在城市交通中常常可以见到这样的场景，如图 10-1-2 所示。

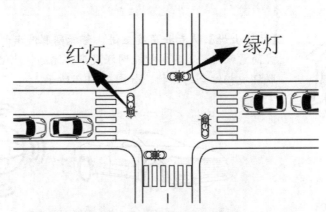

图 10-1-2　城市交通信号控制

城市中，我们在开车上下班途中常常会看到，一边是排成"长龙"等红灯的车队，一边是空空如也的道路。这一时段信号灯仍是红灯，分流不合理，属于交通信号灯设计不合理或异常情况，遵守交通规则的司机只能等待。

【叶博士提醒】虽然绿灯信号的时间只有几十秒，但理论上讲，这几十秒足以通过近 10 辆车（一般通过率为 3～5 秒/辆）。如果采用智能交通，根据车流量、时间段改变交通模式，就可以提高车辆信号灯通行效率。

【大万吃惊】哇！那么该如何提高这个效率？

2. 智能网联汽车

智能网联汽车（Intelligent and Connected Vehicle，ICV）是指搭载先进的车载传感器、控制器和执行器等装置，并融合现代通信与网络技术，实现车与"X"（车、路、人、云等）的智能信息交换和共享，并具备复杂环境感知、智能决策、协同控制等功能，可实现安全、高效、舒适、节能行驶，最终实现替代人操作的新一代汽车。

【大万】有点晕！

【叶博士说】从专业角度上讲，智能网联汽车的定义就是这样。言简意赅地讲，其实智能网联汽车，就是智能化的汽车与智能网联环境相结合的产物，如图 10-1-3 所示。

图 10-1-3　智能网联汽车

（1）智能网联汽车

智能网联汽车，首先仍然是车，必须具备车辆的所有基本特性！这就意味着外壳（车身）、车轮、底盘等都必须具备。随着汽车技术的发展，近些年来，车辆的部分基本功能也发生了巨大的变化。

【大万抢答】我知道！现在车窗玻璃都可以自动控制升降了，雨刮器可以根据雨量大小自动调整刷动的速度，灯光也可以根据外界光线强度自动调整了……

【叶博士大笑】给大万点大大的"赞"。知道的真不少！后生可畏！

汽车技术的发展，导致汽车功能发生了很多变化，主要如下。

① 基本辅助驾驶的功能。如自适应雨刮器、自适应灯光、一键启动、电子驻车、自动车窗、自动倒车镜、自动变速器等，都可方便驾驶员操控。

② 基于安全的辅助功能。如道路偏移报警、自动防撞系统、车侧障碍报警，以及驾驶员疲劳和分神提醒等。

③ 基于节油和环保的功能。如发动机自动启停、48V 混动技术、发动机和变速器新技术等。

④ 基于智能驾驶技术功能。如自动巡航、自动泊车等。

（2）智能驾驶

相信大家都知道很多关于无人驾驶汽车的信息。例如，2020 年，长沙推出了免费的无人驾驶出租车，如图 10-1-4 所示。

2021 年，北京无人驾驶出租车正式试点收费运营，如图 10-1-5 所示。

图 10-1-4　长沙无人驾驶出租车

图 10-1-5　北京无人驾驶出租车

【大万问】这真是无人驾驶汽车？

【叶博士哈哈笑】大万真是问到点子上了！真可谓一针见血呀！首先，这确实是无人驾驶汽车！在车辆全程行驶中，不需要人为干预和控制！但它又不是无人驾驶汽车，因为在驾驶位上坐了一个人，虽然他（她）不需要做任何操作！

一个人，如何才能正确地从 A 点走到 B 点（假设 A 与 B 之间相距 500m），如图 10-1-6 所示。

首先人要有眼睛（视觉），这样才保证能观察到路上是否有障碍。当然听觉和味觉也都很重要。其次要有腿，这是移动的保证。光有眼睛和腿还不行，必须有指引正确道路的能力，即通过眼睛的观察，大脑控制腿正确地移动到目的地，如图 10-1-7 所示。

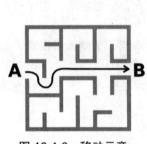

图 10-1-6　移动示意

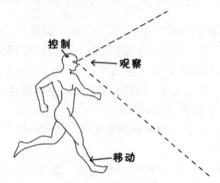

图 10-1-7　人体的功能

如果是无人驾驶汽车，从 A 点到 B 点，同样也需要"眼睛"和"腿"，还需要"大脑"进行控制。其实市场上已经出现了具有类似功能的汽车。如某款车型具有 ACC（自适应巡航系统），如图 10-1-8 所示。

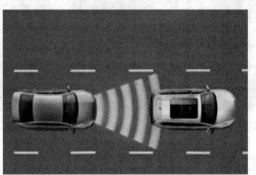

图 10-1-8　ACC 功能

功能描述：当启动 ACC 后（假定车速为 100km/h），如当前车速高于前车，则本车减速；若当前车速低于前车（或前方无车），则加速至限定速度。为什么会减速或加速？这是因为具备 ACC 功能的车型拥有感知系统（如摄像头、激光雷达、超声波雷达等），它类似于人的"眼睛"。当检测到本车与前车的距离超过安全值或远离限定值时，汽车的控制器（相当于人的"大脑"），就会指挥车辆进行减速或加速。减速的过程称为"制动"，加速的过程称为"驱动"。因此，在一定程度上，具有 ACC 功能的汽车在智能驾驶汽车中属于 1 级。智能驾驶级别专业定义如表 10-1-1 所示。

表 10-1-1　　　　　　　　　　　　　　智能驾驶级别专业定义

智能化等级	等级名称	等级定义	控制	监视	失效应对	典型工况
人监控驾驶环境						
1 级	辅助驾驶	通过环境信息对方向和加、减速中的一项操作提供支援，其他驾驶操作都由人完成	人与系统	人	人	车道内正常行驶、高速公路无车道干涉路段、泊车工况
2 级	部分自动驾驶	通过环境信息对方向和加、减速中的多项操作提供支援，其他驾驶操作都由人完成	人与系统	人	人	高速公路及市区无车道干涉路段、换道、环岛绕行、拥堵跟车等工况
自动驾驶系统（简称系统）监控驾驶环境						
3 级	有条件自动驾驶	由无人驾驶系统完成所有驾驶操作，根据系统请求，驾驶员需要进行适当的干预	系统	系统	人	高速公路正常行驶工况、市区无车道干涉路段
4 级	高度自动驾驶	由无人驾驶系统完成所有驾驶操作，特定环境下系统会向驾驶员提出响应请求，驾驶员可以对系统请求不进行干预	系统	系统	系统	高速公路全部工况及市区有车道干涉路段
5 级	完全自动驾驶	无人驾驶系统可以完成驾驶员能够完成的所有道路环境下的驾驶操作	系统	系统		所有工况

【大万哭】听是听懂了，但这表实在是看不懂！

【叶博士笑道】再看看表 10-1-2，相信大家一定能看懂！

表 10-1-2　　　　　　　　　　　　　　智能驾驶级别简洁定义

等级	定义	应用工况	人工干预
0	无		全人工
1	纵向	良好路况	需要
2	纵向+横向	良好路况	需要
3	自动驾驶	高速路况	需要
4	自动驾驶	高速路况+市区	需要
5	无人驾驶	全路况	不需要

【大万问】看是看懂了！但2级和3级有什么区别？从文字上看，它们似乎差不多！

【叶博士笑答】大万越来越会看"门道"了。

1级和2级的主要区别在于（转向和加减速度操控的执行者不一样，1级是驾驶员，2级是系统）1级是纵向控制，2级是纵向和横向两个方向控制，即在良好路况（道路平整、标识清晰、没有路口、单向行驶）的情况下，可以做到双脚和双手都临时放开，这种功能称为智能巡航功能。原则上，车辆可以转弯（如根据地面转弯线），但不能超车或避让后方来车。而3级则具备在高速路况下，完成自动驾驶，包括超车和避让。但其间驾驶员都必须进行监控，随时准备驾驶员介入驾驶。

（3）无人驾驶汽车

【大万问】从表10-1-2来看，既然在市区和高速路况下都可以进行自动驾驶，这和无人驾驶汽车不是一样了吗？有什么区别？

【叶博士回答】仅从驾驶过程来看，确实，具备4级自动驾驶的汽车在理论和技术上和无人驾驶汽车没有区别，但本质上却与它有天壤之别！

《深圳经济特区智能网联汽车管理条例》于2022年6月23日通过，自2022年8月1日起施行。根据该条例对自动驾驶的权责划分，通俗的解释就是，3、4级自动驾驶，主驾必须有人，出事了由驾驶员负责；5级可以无方向盘、主驾也可以无人，但必须在指定路段行驶，出了事由开发厂商负责。

无人驾驶汽车的定义：车上无人或车上无法定责任人，并可以在全路况下正常行驶的车辆。

车上无人容易理解。何为车上无法定责任人？无人驾驶汽车上无法定责任人如图10-1-9所示。

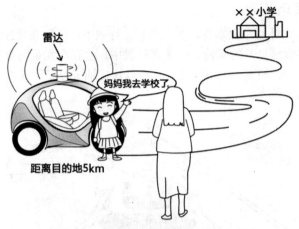

图 10-1-9　无人驾驶汽车上无法定责任人

【大万抢答】我理解了，虽然车上有人，但万一发生事故，他（她）不需要承担任何责任。因为他相当于乘客，汽车在无人驾驶期间发生交通事故造成损害，属于无人汽车一方的责任，由车辆所有人、管理人承担赔偿责任。

【叶博士】赞！

　　这就回答了刚才提出的问题。上述两个城市所开通的无人驾驶出租车，就技术而言，确实实现了无人驾驶。但从法律角度来看，驾驶位所坐人员（一般称为安全员）仍负有相应的责任。

【叶博士感叹】虽然无人驾驶技术基本成熟，但商业化过程涉及交通安全和法律责任，容不得半点含糊和不规范。国外已经有无人驾驶汽车发生事故的案例。

3. 智能网联与汽车

上面介绍的内容均针对车辆本身，在车辆实际行驶中，还需要外界信息（如现在广泛使用的导航软件等提供的信息）的支持。车辆在行驶中，会存在大量的会车、转弯等需求，如能准确判断对面来车是否转弯以及其车速，就可以快捷地进行车辆操作，如图10-1-10所示。这有利于大幅提升通行效率。

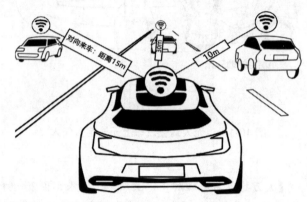

图 10-1-10　智能网联与汽车

由此可以看出，汽车未来的发展一定是智能化、自动化、网联化。在现阶段，很多智能化功能已在车辆上实现，但实现真正意义上的无人驾驶汽车商业化运营还需要在技术、网络和法律等方面进一步研究和发展。相信同学们一定能看到充满科技感的美好未来！

本节中，叶博士用了很多生动的案例给我们讲解了智能网联汽车的一些概念。这里做个总结。

（1）【定义】智能网联汽车=智能汽车+智能网联环境。

（2）【区别】智能汽车很多功能已经实现并且商业化。

（3）【关系】智能汽车≠无人驾驶汽车。虽然无人驾驶汽车在技术上相对成熟，但它们之间的差异很大。

（4）【发展】汽车未来发展的趋势是智能化、自动化、网联化，但还有很多技术和非技术规范需要研究和发展。

【名师解惑】　李兵老师

问题1：什么是智能网联汽车？

问题2：我国汽车在智能化方面可划分为哪几个等级？

问题3：请根据图10-1-11说说智能网联汽车与智能汽车、智能交通、车联网的关系。

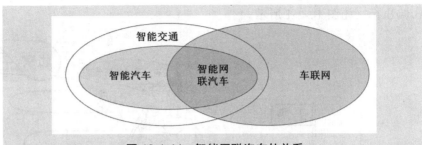

图 10-1-11　智能网联汽车的关系

问题 4：哪些驾驶辅助系统已经在整车上使用？

问题 5：智能网联汽车在智能化层面，通常配有哪些传感器？

10.2　智能网联与无人驾驶技术

【大万问】我最近经常看到的"自动驾驶""无人驾驶""智能网联"等比较新颖的词，越来越多地出现在大众视野中，很多造车企业也都打着"自动驾驶汽车"的名号进行宣传推广。这些技术离我们有多远呢？

【同学讨论】小李："已经很近了！我家隔壁的赵叔经常向我炫耀他的车有多么智能！有一次坐他的车，居然看到他双手和双脚都没有进行驾驶操作，把我吓得够呛！"小周："那到底什么是无人驾驶汽车呢？无人驾驶汽车有什么用途呢？"

【叶博士解答】同学们的关注点越来越广泛，这很好，说明大家有前瞻性！下面和大家重点讲解一下相关知识。

1．概念

首先，车辆上路要具备两个条件：一是车辆自身具备转向、制动和驱动能力（法律层面的手续暂不讨论）；二是需要规范的路面。两者缺一不可。

其次，汽车作为交通工具，速度是必不可少的！在高速公路上，通常限速 120km/h。即使在市区，限速 30～60km/h 也是很正常的。如果速度太慢，就会失去原有的驾驶体验，影响出行，如图 10-2-1 所示。

图 10-2-1　"龟速"进京

在车辆具备行驶能力和有规范路面的基础上，交通生态已经日趋成熟并逐渐完善。一旦车不需要人来驾驶了，这个生态还可以保持平衡吗？

2. 无人驾驶汽车的困惑

无人驾驶汽车就技术而言，是车不用人开了，全部自动化。假设一辆无人驾驶汽车需要从 A 地开到 B 地，距离 10km，途经 1 座高架桥、5 个红绿灯路口和繁华市区，如图 10-2-2 所示。20min 能到达 B 地吗？

图 10-2-2　无人驾驶汽车的行驶路线

① 路径规划、速度规划和预计时间。

② 对周边环境的精准探测。

③ 能有效知晓周边车辆和行人的动态意图。

④ 保持一定的车速，并具备及时、准确的操控手段（转向、制动和驱动）。

上述条件中①和④基本可以达到，②以目前的技术可以初步达到，但③目前远远不能达到。

【大万问】无人驾驶汽车为什么不能开太快？自动刹车系统不是远比驾驶员的反应快吗？

【叶博士笑答】大万提的问题有高度了！

问题 1：惯性（见图 10-2-3）。

当出现障碍时，尽管自动刹车系统的反应均在毫秒级，但车辆仍然会由于惯性作用，向前滑行一段距离（假设车速为 60km/h，刹车后滑行距离约为 10m），这个距离仍然具有很大的危险性！

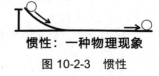

惯性：一种物理现象

图 10-2-3　惯性

问题 2：事故判定（见图 10-2-4）。

图 10-2-4　事故判定

当发生事故时，如果有人驾驶车辆，相对而言，责任比较容易判定；但如果是无人驾驶汽车，判定事故的责任就没有那么容易了！

问题 3：网络安全（见图 10-2-5）。

众多无人驾驶汽车在行驶时，如要提高通行效率，不仅要知道本车行驶的路线，更要知道周边车辆行驶的路线及趋势，以便做好行车规划，并进行相应的操作。这就需要开放各种车辆的车内网，打通各自的接口。这在理论上是可行的。但如果将车内网全部打开，就容易让"黑客"侵入。一旦出现"网络攻击"，后果不堪设想！

图 10-2-5　网络安全

3. 发展

【大万问】照这样讲，无人驾驶汽车是难以推广了吗？那我们可以不学了，是不是这样的？

【叶博士笑答】无人驾驶汽车虽有不足，但瑕不掩瑜！

上述的 3 个问题，从理论上讲，在短期内解决确实有一定的难度（科学家都在研究和探索，无人驾驶技术的优势可以延伸到其他应用领域，仅限于低速与限定的场景）。

（1）应用案例

不经意之间，我们会发现，很多无人驾驶小车出现在我们身边，如图 10-2-6 所示。

观光车　　　　巡检车　　　　物流车　　　　巡警车　　　　货运车

图 10-2-6　无人驾驶小车的应用

【大万抢答】确实，我在电视上也看到过。很多酒店就是用这种无人驾驶小车送餐的。但这是什么车？有什么特点？还能干什么？原理是什么？和无人驾驶汽车有什么关系？

【叶博士大笑】这大万真是"连珠炮"，问题多多呀！

（2）AGV

前文说到，关于无人驾驶汽车有 3 个问题。如果解决了这 3 个问题，无人驾驶汽车不就可以广泛使用了吗？

① 刹车距离：理论上讲，当速度降至 30km/h 时，刹车距离基本接近于 0。

② 事故判定：速度低于 30km/h 的汽车，其惯性可以忽略不计（无论车前方有什么障碍，车辆都可以立刻停止移动），自然就不会造成事故。

③ 网络安全：这样的车一般都会在一个特定的区域内行驶。这样只需要局域网络就可以了，因为没有那么多复杂情况。

【大万问】用这样的车，从上海开到北京，能行吗？

【叶博士笑道】同学们不能固执己见，要学会举一反三！

确实，这样的车用来跑长途显然是不行的，但它仍有很多的用武之地。

AGV（Automated Guided Vehicle，自动引导车），从技术上讲，具备无人驾驶车的全部功能（如感知、线控、智能控制等）。

4. 应用

随着智能网联和无人驾驶汽车技术的发展，相应的应用在很多领域逐步实现，主要如下。

（1）基于智能网联的非接触性支付

高速公路电子收费（Electronic Toll Collection，ETC），大大减少了人的工作量，提高了效率，降低了成本，如图 10-2-7 所示。

类似的还有停车场自动收费、在超市购物自动收费。

【叶博士说道】周末，我在商场某品牌服装卖场选中了几款衣服和一些小物件。在结账的时候，发现柜台无人，但旁边有无人收款机，如图 10-2-8 所示。

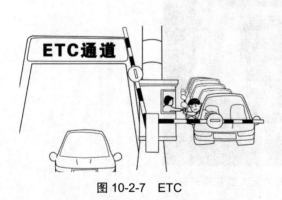

图 10-2-7　ETC　　　　　　　图 10-2-8　无人收款机

将购买的衣物放进去（完全没有顺序），几秒后屏幕上就显示了所有物品的单价、数量及总额。刷一下手机支付码，就结束购物了。回来后，我查阅了相关资料，并在衣服的吊牌里发现了芯片，原来是用射频识别（Radio Frequency Identification，RFID）技术完成的。这也是典型的非接触性支付。

【大万惊叹】哇！我一定要去体验一下！

（2）基于特定区域的移动服务

利用 AGV 的特性，可以开展很多项目。

① 码头自动货运车

具有世界领先地位的上海洋山港口全自动码头于 2017 年启用，年装卸能力为 400 万标准箱，采用码头自动货运车如图 10-2-9 所示。

图 10-2-9　码头自动货运车

② 景区自动观光车

较大的旅游景区内会有很多观光车，观光车符合 AGV 低速、限定范围的要求，很适合配置无人驾驶的观光车，如图 10-2-10 所示。

图 10-2-10　景区内的无人驾驶观光车

③ 其他应用

除上述两个方面的应用之外，AGV 还可应用于送餐、清洁等。同时，AGV 还可以用于抢险、救灾。如在发生火灾时，为减小危险性，可由消防 AGV 进行灭火，或在煤气泄漏的环境中进行抢险、救灾工作等。当然 AGV 也可以用于军事，总之用途非常广泛！

5．现状

2021 年小鹏汽车推出基于英伟达 Xavier 平台的高速场景 NGP 功能，成为国内最早实现自动驾驶全栈自研并量产的车企。

2022 年落地城市实施道路导航辅助驾驶，2023 年落地实施全场景智能辅助驾驶，2026 年逐步实现无人驾驶。

2022 年底，国内已经有 20 多家企业发布了自己的软硬一体智能驾驶解决方案。既有毫末智行、宏景智驾这类的渐进式自动驾驶公司，也有以百度、小马智行为代表的高阶自动驾驶玩家。

2023 年，华为发布 ADS2.0 自动驾驶系统。华为选择了激光雷达和摄像头的结合。该系统可以做到不依赖高精地图。

2023 年，理想汽车召开理想家庭科技日发布会，介绍了城市 NOA 和通勤 NOA，宣布开始在北京、上海开放城市 NOA 内测，半年开放通勤 NOA 功能。

根据预测，到 2025 年 L2 级别及以上汽车的渗透率将达到 45.1%，到 2030 年这一数字将达到 82%。其中，L4 级别的汽车占比将达到 11%，对应 L0 和 L1 级别的汽车占比将缩低到 20%。

本节中，叶博士提出了 AGV 的概念，让我们看到了未来无人驾驶技术的发展和应用前景，这里做个总结。

（1）【问题】无人驾驶汽车技术日趋成熟，但仍有惯性、法律和安全 3 个方面的问题。

（2）【AGV】AGV 在一定程度上解决了上述 3 个问题。

（3）【应用】基于 AGV 的应用已经非常广泛。

【名师解惑】　李兵老师

问题 1：行驶中的智能汽车，当人与智能控制发生偏差时，车辆会听从谁的控制？

问题 2：智能网联汽车要实现的最终目标是什么？

问题 3：智能网联汽车与传统汽车相比具有哪些典型功能？

10.3　智能网联技术基本要素

【大万问】通过前文的学习，我了解到智能网联汽车由智能汽车和智能网联环境两部分组成。我对智能汽车比较清楚，但网联的概念是什么？

【同学讨论】小李："网联就是互联网！"小周："除了导航之外，我没有发现互联网和车有什么关系呀！"小朱："听说，它与卫星还有关系！但具体是什么关系我也不清楚！"

【叶博士解答】看来经过前文的学习大家收获不小，智能网联环境确实与卫星有关系，但不仅限于卫星，它还有很多其他方面的知识。接下来具体给大家讲解。

1. 环境概述

在驾驶员正常驾驶车辆行驶时，如遇路口，因为路口狭小，没有红绿灯，而恰好路口的拐角有房屋建筑，这样就产生了观察"盲区"（见图10-3-1），这时驾驶员应该如何处理？

通常情况下，驾驶员会减慢速度，当安全通过"盲区"后再加速前进。而无人驾驶汽车是如何判断的呢？按照图10-3-1所示，车辆前方没有任何障碍，且无红绿灯。车辆控制器"判断"前方道路是安全的。因此，车辆会按照预先设定的路线和速度行驶。但此时如有人（或宠物等）突然出现，虽然车辆会瞬间启动制动，但由于惯性，事故还是有可能发生。

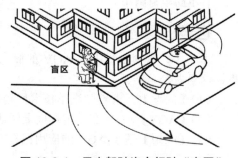

图10-3-1　无人驾驶汽车行驶"盲区"

类似这样的情况还有很多，尤其是在闹市区的道路上，在各种复杂的情况下，人、车和路况都会瞬间发生变化。无人驾驶汽车仅依靠智能的感知和控制系统，难以完全避免意外发生，需要借助外力进行预判和采取相应措施，以确保安全行驶。

2. 卫星导航系统

智能网联环境中，与车辆关系最多的想必就是卫星导航系统了。

【大万抢答】卫星导航系统，这我知道，每次我爸开车送我到学校，都是我用手机来导航的，非常准确，操作十分简单！

【叶博士笑道】现在的年轻人比我们使用手机要熟练多了！但卫星导航系统不仅有为车主提供道路信息这一项功能，还有很多其他的功能！

卫星导航系统除了能为全世界数以亿计的汽车进行导航之外，还广泛应用于航空、航海、地质勘探、海洋、气候等领域。其在智能网联方面更具有重要的作用。在车辆行驶过程中，由于高度受限，加之城市建筑较为拥挤，物理遮挡的情况普遍存在。这和雷达的原理类似，提高观察点的高度可有效解决观察面小的问题（见图 10-3-2）。然而，即使通过摄像头或者卫星发现了盲区中的移动物体，但如何及时地与距离盲区移动物体最近的车辆建立联系？这就需要引入 V2X 的概念。

图 10-3-2 盲区信息观察与通信

3. V2X

【大万问】早就听说有"V2X"这个词，查阅了相关资料，发现其英文为 Vehicle To Everything。前两个单词还能理解，但后面这个单词表示所有的事情，这和"X"有什么关系？

【叶博士笑道】大万不简单哪，开始琢磨英文了。要记住："书山有路勤为径，学海无涯苦作舟。"

V2X 表示汽车与相关设备或事物之间的关系。这是智能网联汽车技术中的一个重要的概念。

（1）V2V（Vehicle to Vehicle，车对车）

V2V 表示车与车之间的关系。在现实交通中，不可能一夜之间取消所有的有人驾驶汽车。在可以预见的未来，一定是少量的无人驾驶汽车和众多的有人驾驶汽车并存的局面。那么在这种情况下，就会存在无人驾驶汽车与有人驾驶汽车之间的联系。如果是有人驾驶汽车，通过驾驶员直观的判断，可以对车辆进行避让。而 N 辆有人或无人驾驶汽车并存，就意味着存在大量需要信息交换的过程，即"车际网"。V2V 需要车辆之间进行信息交换，发送车辆位置和速度信息给另外的车辆，如图 10-3-3 所示。

图 10-3-3 中，A 车和 B 车的驾驶员通过直接观察（包括车上的感知设备）都不能看到对方车辆，这种情况必须依靠车际网之间的信息交流，才可以及时了解各自的位置、方向、速度等参数。这样车辆的中央控制器才可以根据这些数据进行分析和判断并做出相应的处理。

（2）V2P（Vehicle to People，车对人）

V2P 表示车与人的关系。无论是驾驶员、乘客，还是行走的路人，对他们来说安全都是第一要素。只有满足安全出行这个前提，才有可能实现其他智能技术的进步。

人在交通环境中是最不确定的。受环境、气候、心情等诸多不确定因素的影响，其行为会有很多变化，并不能简单地用所谓的"数学模型"验证或推理。比如，一位正在过马路的老人，突然想到他家里的天然气可能还没有关闭，那么接下来的动作就可能是突然折返，如图 10-3-4 所示。

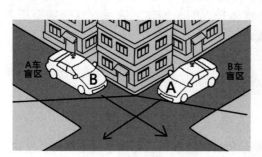
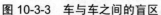

图 10-3-3　车与车之间的盲区

图 10-3-4　过马路时突然折返

在这种情况下，虽然无人驾驶汽车可以及时做出反应开始制动，但如果车辆速度很快，则因惯性作用可能会导致事故发生。不同的人有着不同的情况。再比如，年轻人过有 30s 绿灯的马路只需要 10s，而年长者可能 30s 才走到一半；如何辨别面前的是人还是宠物；等等。在驾驶员看来，这都是非常简单的事情。但对无人驾驶汽车这种即时使用 AI（Artificial Intelligence，人工智能）技术的车辆而言，需要进行极其复杂的演算。

（3）V2R（Vehicle to Road，车对路）

车辆需要行驶在公路上，按照我国交通管理部门的规定，现行的公路等级有国道、省道、县道、乡道、专用公路、其他公路这 6 级。除高速公路以外，其余公路的标准尚不够规范，标志不够明显。

不同等级的公路，有着不同等级的标准和通行限速，比如车道数量、单车道宽度、有无护栏、有无限速标志等，如图 10-3-5 所示。如果没有明确的标准和标志，无人驾驶汽车就难以辨别。目前高速公路的标志和省道的标志相对齐全，而其他公路的标志完整度与之仍有较大差距。

对于无人驾驶汽车，不仅有公路标志的问题，还有涉及很多方面的问题。如在会车时，首先要考虑车道的许可，在出现意外时、车辆进行转向时的道路宽度的许可。下一步，对路面的摩擦力、充电公路（国内已经有试点公路）还要有精确的计算和分析。这样在意外发生之前，就可以通过各种预设的方案进行规避。

（4）V2I（Vehicle To Infrastructure，车对路侧设备）

前文说到，车与人在移动过程中，都存在双方或单方无法看到，且车辆的感知设备无法穿透物理障碍的现象。从理论上讲，通过卫星或一些设备（如摄像头）可以看到上述难以观察的"盲区"（见图 10-3-6）。问题是，当这些设备观察到位于盲区的移动人员（或宠物）的情况（包括移动方向、速度、物体的高低、轮廓等）后，如何才能将这些信息发送给最需要（最近）的车？

图 10-3-5　高速公路标

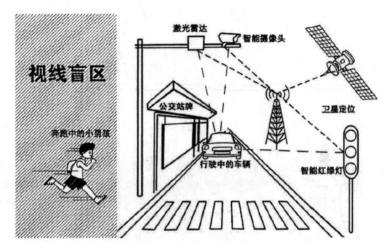

图 10-3-6　路侧设备信息观察

不难看出，要完成这项任务，不仅需要大量的智能摄像头、智能红绿灯和激光雷达等，还需要收集、处理和发送信息的基站等。

【大万问】这些基站将信息发送到哪里？又如何发送到最需要接收这些信息的车？

【叶博士回答】很好，大万有一定的触类旁通的能力了！赞！

虽然收集到信息的基站和附近车辆之间的距离只有几米（或几十米），但二者之间并没有直接的联系。所以，这些车辆在经过相应路口的时候，会向智能网联系统报告自己的位置和行车路径。低级的基站会将这些收集到的信息源源不断地发送到上一级基站，上一级基站可以通过中心基站（也可以直接联系卫星）处理信息，如图 10-3-7 所示。当某个基站收到车辆通过该区域的信息之后，又收到临近基站的路侧设备发送过来的移动物体信息，就可以在第一时间内将上述信息定点发送给相应的车辆。此时，相应的车辆就可以立刻进行预先处理（如减速等），从而避免事故发生。

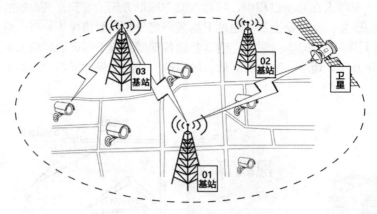

图 10-3-7　路侧设备信息网络

【叶博士感叹】从理论上讲，这些信息的传递往往要"走"几百千米甚至几千千米。但对于电磁波而言，仍在毫秒级别范围内。可见现代信息技术的发展是如此厉害！

（5）V2N（Vehicle to Network，车对网络）

认识了 V2I 之后，V2N 就不难理解了。V2I 更多强调的是路侧设备，或者说是终端设备，而 V2N 则表述的是网络。V2I 强调的是如何采集最终端的信息，而 V2N 要求的是如何将这些信息通过网络进行处理，并及时送达最需要的车辆中。

V2X 包括但不限于上述几种，在未来的智能网联时代，还会有更多的技术融入其中。

【大万开心地说】那以后就不用学开车了，想去哪里，就打一个共享无人驾驶出租车。到地方之后，还不需要找停车位，下车就走。真好！

【叶博士告诫道】智能网联技术远非如此简单，且任重而道远！

4．现状

（1）基于车辆的辅助驾驶功能

在现阶段，无人驾驶汽车还有较长的路要走，但基于辅助驾驶功能的汽车已逐步商业化。这些技术一方面提高了车辆驾驶的方便性和简单性，另一方面可减小发生事故的概率。图 10-3-8 所示为小鹏汽车 NGP（Navigation Guided Pilot，导航辅助驾驶）画面。

图 10-3-8　小鹏汽车 NGP 画面

（2）基于网联化环境的发展

网联化是指基于通信互联建立车与车之间的连接、车与网络中心和智能交通系统等服务中心的连接，甚至是车与住宅、办公室以及一些公共基础设施的连接，也就是可以实现车内网络与车外网络之间的信息交互，解决人—车—外部环境之间的信息交流问题。图 10-3-9 所示为车联网关系图。

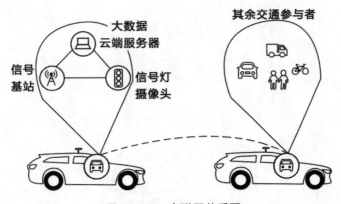

图 10-3-9　车联网关系图

经过多年的发展，目前市场上的网联系统平台主要有阿里与上汽的斑马智行系统、华为的 HUAWEI HiCar 系统、百度的 Apollo 系统、吉利的 GKUI 智能生态系统、比亚迪的 Di-Link 等。相应的技术还在发展之中。

本节中，结合同学们的讨论和提问，叶博士重点讲解了智能网联环境与车的关系，这里做个总结。

（1）【环境】智能汽车在网联环境下的行驶，远不能仅靠自身的智能化功能解决所有问题。

（2）【卫星】卫星在智能网联系统中起到重要的作用。

（3）【V2X】V2X 是指智能汽车与各个维度环境和车辆之间的信息交换关系，主要包括 V2V、V2P、V2R、V2I、V2N 等，是智能网联汽车体系的重要知识。

【名师解惑】　王丹老师

问题 1：智能网联汽车的环境感知系统中卫星导航要作用是什么？

问题 2：毫米波雷达在智能网联汽车上的应用主要有哪些？

问题 3：什么是 V2V？列举 5 个 V2V 的应用。

问题 4：智能网联汽车的定位技术主要有哪些？

问题 5：市场上主流的车联网系统有哪些？

11.1 氢燃料电池汽车

【大万问】通过前文的学习，我知道了目前新能源汽车以纯电动汽车和混合动力汽车为主。除了这两种以外，还有哪些呢？

【同学讨论】小李："新能源汽车以后只有纯电动汽车，混合动力汽车只是过渡产品，我们只需要学好纯电动汽车的知识就行了！"小吴："不对！我前段时间看了新闻，还有其他动力能源的汽车，比如氢燃料电池汽车。据说这是最有前途的新能源汽车。"小周："那什么是氢燃料电池汽车呢？为什么说它最有前途呢？"

【叶博士解答】同学们的认知需求越来越旺盛，虽然纯电动汽车目前为新能源汽车的主要发展方向，但它本身仍有很多不足。因此，人类探索其他新能源的脚步从来没有停止过！

1. 什么是氢气

氢元素的符号为 H，氢气的化学式是 H_2。氢气是世界上已知最轻的无色无味气体，难溶于水。常温下，氢气的化学性质很稳定，通常不与其他物质发生化学反应。氢气的特性如图 11-1-1 所示。

图 11-1-1　氢气的特性

【大万问】氢气有这么多特点，它到底存在于哪里？它有多少存储量？它够汽车用吗？

【叶博士笑答】你真是个"问题"大万！真是勤奋好学！

氢是自然界中最普遍存在的元素之一，它主要以化合物的形态存在。

氢气有多大体量？假如把海水中的氢全部提取出来制成氢气，它所能产生的热量比地球上所有化石燃料能释放出的热量还多 9000 倍，如图 11-1-2 所示。

图 11-1-2　氢气的总量

2. 氢气的制取

氢气储量巨大，那么它究竟是如何制取的呢？

氢气制取的化学反应方程式 $Zn+H_2SO_4=ZnSO_4+H_2$，中文的表述为"锌+稀硫酸=硫酸锌+氢气"。实验室制取氢气如图 11-1-3 所示。

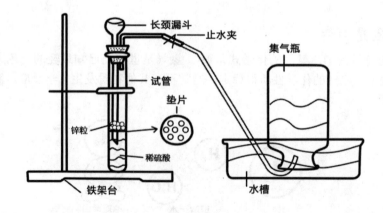

图 11-1-3　实验室制取氢气

实验步骤如下。

（1）按照图示，装好实验仪器。

（2）检查装置气密性。关闭止水夹，向长颈漏斗中加入足量的水，若漏斗中能存在一段水柱，并不持续下降，则说明装置气密性良好。

（3）装试剂。先将锌粒放在垫片上，打开止水夹后，向长颈漏斗中注入稀硫酸，发生反应产生氢气。

（4）验纯气体。因为氢气是可燃气体，收集氢气之前务必验纯。用排水法收集一试管氢气，用拇指堵住，试管口朝下，移近火焰，再移开拇指点火，如果听到尖锐的爆鸣声，则表示氢气不纯，需要重新收集验纯；如果只听到很微弱的"噗噗"的声音，则说明氢气纯净。

（5）收集气体。利用排水法或向下排空气法收集。

（6）结束实验。关闭止水夹，终止反应。

【大万说】有点复杂，我化学底子薄，一看这么多步骤就晕！

【叶博士笑答】别一看步骤多就晕，要学会分析！

虽然上面有 6 个步骤，但仔细观察，就可以看出各个步骤的要点其实就是"一装二检三制取，四验五集六结束"！这里有两个关键点。

一是制取，就是步骤（3），装入锌粒，注入稀硫酸，使其发生反应就可产生氢气了。这说明氢气的制取是很容易的。

二是步骤（4）验纯，为了实验安全，必须检验氢气的纯度，防止爆炸。

3. 氢燃料电池

从理论上讲，可以燃烧氢气产生热能，从而将其转化为动力。显然这种基于传统模式的能量制取方式不仅涉及安全性，且综合成本过高，基本没有被采用。但科学家发现，在一定的催化剂的作用下，氢气和氧气可以发生化学反应，通过这个反应可以发电。氢燃料电池的工作原理如图 11-1-4 所示。

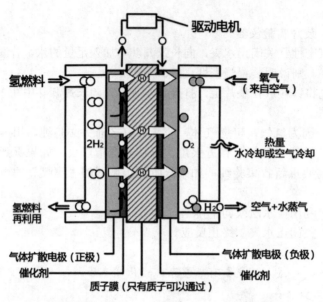

图 11-1-4　氢燃料电池的工作原理

由上图可见，氢燃料电池需要具备的几个要素，如图 11-1-5 所示。

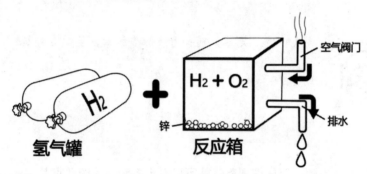

图 11-1-5　氢燃料电池结构

（1）存储氢气的容器。

（2）供氢气和氧气发生反应的容器（容器中要含有催化剂，如锌）。

（3）可控制的氧气输入端口（如空气阀门）。

（4）发生反应后的排水装置。

4. 氢燃料电池的特点

从上述介绍可以看出，氢燃料电池有很多特点，主要如下。

（1）制取方便。在具备容器的基础上，有一定的催化剂就可以制取氢气。氢气理论上是无限的。

（2）无污染。氢燃料电池是通过化学反应，而不是采用燃烧（汽、柴油）或储能（蓄电池）方式产生电。这个过程不产生污染物，只会产生水和热量。如果氢气是通过可再生能源制取的，那么整个循环过程就是彻底不产生有害物质的过程。

（3）无噪声。燃料电池运行较安静，发出的声音大约只有 55dB，相当于人们正常交谈的音量。

（4）高效率。燃料电池的能量转化效率高达 60%～80%，是内燃机的 2～3 倍。

【大万问】这么好的电池，为什么不尽快推广使用？

【叶博士回答】做任何事情，都需要周密思考。如此好的电池，没有大面积推广，一定有其道理。我们要学会深思熟虑！

首先，氢气在制取中需要验纯，只有经过验纯的氢气才能投入使用，而氢气制取装置是比较昂贵的。

其次，无论是待验纯的氢气，还是验纯之后的氢气，都具有很高的可燃性。应如何进行安全运输？安装在车辆上之后（见图 11-1-6），如何确保其安全性？这都是汽车和氢燃料电池制造工程师所要关注且必须解决的问题！

图 11-1-6　氢燃料电池的安全性

5．氢燃料电池汽车的组成

在确保安全的基础上，氢燃料可以用来发电并驱动汽车。

氢燃料电池汽车以氢气为燃料，通过化学反应再进行能量转换等产生电流，给动力电池充电并由动力电池给驱动电机提供能量以驱动汽车。简而言之，氢燃料电池汽车就是依靠氢燃料电池发电驱动的汽车。氢燃料电池汽车的组成如图 11-1-7 所示。

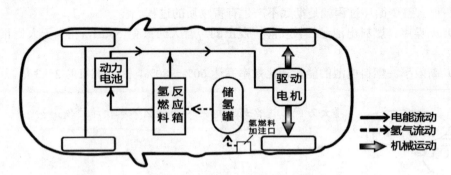

图 11-1-7　氢燃料电池汽车的组成

氢燃料电池汽车的组成主要如下。

（1）储氢罐：这是一个罐子，也是一个"油箱"。车辆续航里程取决于"油箱"里的"油"量。这里的"油"就是氢气！

（2）氢燃料反应箱：注意，这只是一个"反应箱"，或者称为"炉子"。反应箱就是供氢气和氧气在一起发生反应的"炉子"。炉子的大小决定给电池充电的功率。

（3）动力电池、驱动电机等：当动力电池具备了足够的高压电，除电池以外的部分就和纯电动汽车没什么区别。

6. 氢燃料电池汽车的现状

目前，全世界的研究人员都在研制基于氢燃料电池的汽车。相对而言，日本的技术在这方面较为领先，主要的代表是日本的丰田，典型产品是 Mirai（米娃）系列氢燃料电池汽车，如图 11-1-8 所示。其续航里程达 650km，加氢只需 3min。

我国的氢燃料电池汽车研究起步也很早。

（1）初期探索（2000—2010 年）。2000 年，中国科学院合肥物质科学研究院成功研发出国内第一台氢燃料电池汽车，标志着我国进入了氢能利用领域。在此后的 10 年里，我国开始加大对氢燃料电池汽车技术的投入和研究力度。

（2）技术攻关（2010—2020 年）。2015 年，我国启动了"十三五"规划，提出了建设"新能源强国"的战略目标。在此背景下，我国加快推进氢能产业化，并逐步形成了以北汽集团、上汽集团等为代表的一批企业的研发和生产体系。同时，我国也出台了一系列支持氢燃料电池汽车发展的政策，如加大补贴力度、建设氢气站等。

（3）发展壮大（2020 年至今）。2020 年，国务院办公厅印发《新能源汽车产业发展规划（2021—2035 年）》，提出到 2035 年，新能源汽车销量占比将达到 50%以上。在此规划的指引下，我国氢燃料电池汽车产业进一步壮大。目前，我国已经建成了一批氢气站，并在多个城市开展了氢燃料电池汽车示范运营。

图 11-1-9 所示为 2022 年北京冬奥会氢燃料电池城市客车。

图 11-1-8　丰田 Mirai

图 11-1-9　2022 年北京冬奥会氢燃料电池城市客车

2022 年，长安汽车正式发布了长安 C385 氢燃料电池汽车，其续航里程为 700km，加氢时间为 3min。这是目前国内首款正式商业化的氢燃料电池乘用车，如图 11-1-10 所示。

图 11-1-10　长安 C385 氢燃料电池汽车

7. 未来发展

【叶博士提问】经过多年的发展，氢燃料电池的安全措施有了显著的加强，并已经逐步进入商业化阶段。既然如此，那为什么还不能尽快发展呢？

【大万挠头】……

（1）氢气的制取

我们知道氢气的制取比较简单，但如果批量生产就没有那么简单了。目前的研制技术如下。

① 非再生能源制氢

非再生能源指煤炭、石油、天然气等。虽然氢气产生的能量很高，但制取它本身也会消耗大量的能源。

② 工业副产品制氢

在化工、冶炼等大型企业的产品生产过程中，会产生很多废气、废水，从理论上讲，它们经过一定的转化，也可以生成氢气。但这一方面需要极大的产业设备改造费用；另一方面由于这些企业相对集中，而汽车所需要的是像"加油站"一样随时随地地加氢，这显然是做不到的。

③ 生物制氢

在人民生活必需品（如粮食等）的加工过程中，其副产品也可以用于制氢。但同样的道理，无论是设备改造还是地点相对集中，都导致难以实现。

④ 自然资源制氢

从理论上讲，有充足的阳光、风和水，就可以制氢。这在小规模的实验中完全可以实现。但是一旦形成规模化产业，就会出现各种问题。如阳光和风都不是恒定的量，且不能由人类完全控制。

（2）氢气的运输

虽然上述制氢技术各有利弊，且目前尚无很好的解决方案。集中制氢，通过运输来解决加氢地点分散的问题，从理论上讲是可行的。但由于氢气具有可燃性，在运输中要格外注意安全。

因此，必须将氢气压缩成液体（甚至是固体）才便于运输。然而，这除了需要压缩技术以外，还需要对运输的容器做特别的设计。

【大万问】说了那么多想法，实行起来依然困难重重，那我们现在是不是不用学习氢燃料电池技术？

【叶博士回答】在回答之前，先问同学们，为什么 2022 年北京冬奥会使用氢燃料电池客车？且目前全国所拥有的 7000 多辆氢燃料电池汽车中，为什么大多数都是公交车或客车？

请查阅本书的相关内容。有些技术看上去很困难，用途不大，但应用在不同的领域，可能就会有意想不到的效果！

本节，叶博士就氢燃料电池技术给我们讲解了很多知识，这里做一下总结。

（1）【氢的概念】氢（H）是自然界中存在得最普遍的元素之一，提取出的氢原子之间常常形成键，并以氢气（H_2）的形态出现。

（2）【制取方式】实验室制取氢气比较简单，大规模生产很难。

（3）【特点】氢气制取简单、无污染，反应过程几乎无噪声，但存在安全问题。

（4）【应用】国内外已广泛开展研究，我国已取得长足进步。

（5）【发展】氢气虽然优点突出，但在制氢和运输环节上，还存在一定的技术和市场化阻碍。

【名师解惑】　王丹老师

问题 1：氢燃料电池汽车的优缺点分别是什么？

问题 2：氢燃料电池汽车与纯电动汽车的区别是什么？

问题 3：氢燃料电池汽车与传统燃油汽车的区别是什么？

问题 4：氢燃料电池汽车的工作原理是什么？

问题 5：请同学们调查一下，市场上主流的氢燃料电池汽车有哪些？

11.2　新能源汽车势能技术

【大万问】无论是燃油汽车还是新能源汽车，都需要能源，那有没有不需要能源就能跑起来的汽车？

【同学讨论】小李："那是'永动机'吧，是违反科学规律的！"小周："不一定，自然界中还有很多能源，比如风能、太阳能。借助这样的能源应该就可以不需要加油或充电了。"

【叶博士解答】同学们的学习"渐入佳境"了，不仅关注现在，还在探索未来。从理论上讲，确实存在无须加油或充电的能量，但是还需要消耗其他能量才能使用，先从其中之一的势能说起！

1．势能概述

先讲一个故事。2011 年 7 月的一天，某地一名 2 岁的女童爬出 10 楼的阳台（高度约为 27m），不幸坠落。在这千钧一发之际，正好路过的吴女士冲上去，张开双臂接住了孩子，如图 11-2-1 所示。孩子得救了，但巨大的冲击力致使吴女士的左手臂 3 处粉碎性骨折。

思考：一个 2 岁的女童，假定她的体重为 15kg。她从 27m 的高度坠落，居然致使一名成年女性的手臂粉碎性骨折。这个力量得有多大？根据物理公式 $v^2=2gs$（g 为自由落体加速度 9.8m/s²，s 为位移），孩子砸到吴女士手臂上时的瞬间速度就约等于 23m/s。

再假定，吴女士的手臂与孩子的接触时间是 1s，那么根据公式 $ft=mv$（m 为质量、v 为速度变化量、f 为作用力、t 为作用力持续的时间），女童接触到吴女士手臂时的那一秒，相当于吴女士用手臂接住了一个重约 345kg 的物体。

同样，我们在很多建筑工地上都会看到一种打桩机［见图 11-2-2（a）］，还有一种石油钻井机（俗称"磕头机"）［见图 11-2-2（b）］，它们举到高处的重锤具有很大的势能。

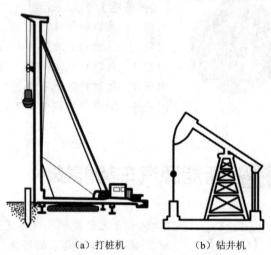

（a）打桩机　　　　（b）钻井机

图 11-2-1　吴女士勇接坠落女童　　　　　图 11-2-2　打桩机和钻井机

上面的案例说明，当物体位于一定的高度时，由于地球对物体有引力的原因就会拥有一定的能量，这个能量称为势能。

2. 势能的分类

【大万挠头】我知道了，只要将势能回收，就可以作为汽车的能源！但如何转化？

【叶博士笑道】学习不能满足于一知半解。

势能分为重力势能、磁场势能、弹性势能、分子势能、电势能、引力势能等，在实际的应用中，最常见的是重力势能和弹性势能。

（1）重力势能

物体由于被举高而具有的势能叫作重力势能。两个关键要素为高度（h）和质量（m）。

重力势能应用广泛，最简单的如打铁店里的打铁过程。初锻就是指用大锤将钢锭锻成初模，细锻就是指用小锤将初模锻成产品，如图 11-2-3 所示。

初锻　　　　　　　细锻

图 11-2-3　铁匠的锻造工艺

其中抡大锤的过程，就是势能的应用。

再如水电站就是利用水位的落差及下落水的质量产生的能量，带动水轮发电机，进而发电，如图 11-2-4 所示。

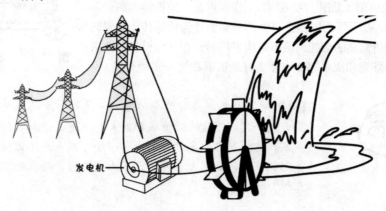

发电机

图 11-2-4　水轮发电

著名的三峡水电站是我国独立、自主设计和制造的大型水电站，年发电量约 9.88×10^{11}kW・h。

（2）弹性势能

发生弹性形变的物体的各部分之间，由于有弹力的相互作用，也具有势能，这种势能叫作弹性势能。同一弹性物体在一定范围内形变越大，具有的弹性势能越大，反之则越小。

在汽车中，有很多弹性势能的应用案例，如汽车的减震器，如图 11-2-5 所示。

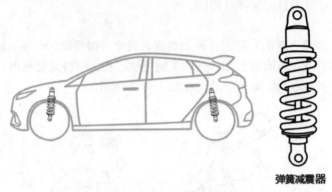

弹簧减震器

图 11-2-5　汽车的减震器

这里使用的弹簧减震器，采用的就是弹性势能原理。

弹性势能还有很多应用，如枪械中的枪栓、竞技体育中的蹦床等。

3. 势能车

随着人们节能环保意识的提升，"无碳"逐渐成为人们研究的课题。更洁净、更环保、更节能、更高效的理念也深入人心。势能车是对无碳理念的探索，是对"未来无碳"的憧憬。

（1）重力势能小车

重力势能小车（见图 11-2-6）的工作原理是，使重物由高处做自由落体运动，在下落的过程中产生的势能通过齿轮等传动装置转化为小车前进所需要的动能。该小车构思巧妙，在完成设计的要求下充分考虑了外观和成本等，也能更好地扩展和进一步地开发。

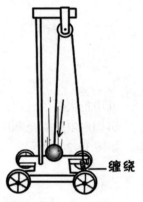

缠绕

图 11-2-6　重力势能小车

【大万问】老师，我有两个问题，一是第一次启动（就是将重物提升到一定高度）的能量从哪里来？二是无论车辆的制作精度有多高，重物下落的高度每一次都会小于前一次（因为有空气阻力等影响）的，如果没有外力，多次反复后，物体的下落一定会停止吧？

【叶博士赞扬】赞！大万这次分析得不错！

上述小车只是利用势能的一个理想范例，并不具有实用价值。从目前来看，势能技术在汽车上的使用仍然处于研究阶段。从发展角度来看，小动能驱动大势能有一定的前途。重力势能如图 11-2-7 所示。

当小球在图 11-2-7（a）中 A 点的位置时，势能的作用使得小球自 A 点经 B 点到 C 点（最低点），然后借助惯性，小球仍可以到 D 点。此时如无外力，小球将自由下落。但如有一个很小的外力，如图 11-2-7（b）所示的 **F**，将小球推送到 A 点，小球就可以在 A 点重复上次的下落过程，进而往复不止。从理论上讲，这个过程中势能起到了 75% 的作用。

（2）弹性势能小车

弹性势能小车的工作原理是将弹性势能通过齿轮等传动装置转化为小车前进所需要的动能，以此动能驱动车辆行驶。该车主要以弹性元件作为产生能量的零件，弹性元件有很多种，常见的有橡皮筋、弹性橡胶棒、弹簧、发条等。图 11-2-8 所示为弹性橡胶棒弹性势能小车。

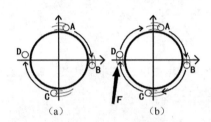

图 11-2-7　重力势能

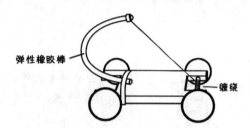

图 11-2-8　弹性橡胶棒弹性势能小车

同重力势能一样，弹力势能在汽车上的应用也仍处于研究阶段，还有很多的问题没有解决。人类在能源使用上的探索永无止尽，大自然有无穷无尽的宝藏等待着我们的开发和研究，相信在不远的未来，科学家一定会找到更好的能源替代方案。让我们共同期待！

本节，叶博士和我们一起探索了势能的应用这个话题。这里做个总结。

（1）【定义】势能是储存于系统内的能量，可以释放或者转化为其他形式的能量。势能是状态量。

（2）【类型】势能分为重力势能、磁场势能、弹性势能、分子势能、电势能、引力势能等，在实际的应用中，最常见的是重力势能和弹性势能。

（3）【应用】常见的势能应用有减震器、水力发电等，但将势能作为能源的汽车仍在研究中。

【名师解惑】　王丹老师

问题 1：动能和势能的本质区别是什么？

问题 2：弹性势能的定义是什么？

问题 3：弹性势能的影响因素有哪些？

问题 4：重力势能的影响因素有哪些？

问题 5：日常生活中什么应用了势能？

11.3 太阳能汽车技术

【大万问】我和同学们一样，平时也喜欢刷短视频，但我注意到很多主播在户外直播常常持续很长时间，那手机的电是如何补充的？

【同学讨论】小李："太阳能呗！现在太阳能电池已经很普及了！"小周："我知道，太阳能在很多电器中都有用到，但不知道有没有太阳能汽车？"

【叶博士解答】太阳能是最环保的能源，其应用已经非常广泛。就未来的太阳能汽车，下面和同学们一起讨论。

1. 什么是太阳能

太阳是宇宙中的恒星。太阳能是由太阳内部氢原子发生氢氦聚变释放出巨大核能而产生的，来自太阳的辐射能量。太阳究竟是一个什么样的恒星？

太阳的半径约为69500km，而地球的半径约为6371km，太阳的半径约是地球半径的109倍。太阳的质量约为1.9885×10^{30}kg，表面温度约为5800℃，核心温度约为1.56×10^{7}℃。太阳和地球的比较如图11-3-1所示。

从理论上讲，太阳的能量是无穷大的。由于地球的形状、能量分布不一，定量计算比较难。但可以描述一下，比如在春季，某城市下着雨，人们穿一件单衣会感觉有点凉，但过了一会儿雨停了，太阳出来了，很快人们就感到同样穿一件单衣就很舒适，如图11-3-2所示。就人体感受而言，这个体感变化温度一般在3～5℃。即便是3℃，当一个城市整体温度上升3℃，这需要多大的热能？一定是一个惊人的量！对太阳而言，这只需轻松照射一段时间就可以完成！

图 11-3-1　太阳和地球的比较

图 11-3-2　太阳的能量

【大万笑道】太阳真是一个巨大的能源体，利用太阳能一定很有前景！

【叶博士深有同感】大万也学到了很多。太阳能是无穷无尽的且最清洁的能源。为了美好的明天，同学们一定要努力地学习！

2. 太阳能的利用

（1）自然利用法

地球上的生命诞生以来就主要依靠太阳提供的辐射能生存。而自古以来人类懂得通过阳光晒干物品并制作食物的方法，如晒盐和晒咸鱼等，如图 11-3-3 所示。

图 11-3-3　晒盐和晒咸鱼

【叶博士说】即使在今天，广大农村稻谷等粮食的打晒，仍旧是利用太阳实现的。

（2）转换利用法

随着技术的发展，人们不再满足对太阳能直接利用这一种方式，而是将太阳产生的辐射能转换成电能。最早的太阳能电池技术在 1954 年由美国贝尔实验室的科学家发明。其基本原理是半导体 PN 结的光生伏特效应。所谓光生伏特效应，就是当物体受到光照时，物体内的电荷分布状态发生变化而产生电动势和电流的一种效应。当太阳光或其他光照射半导体的 PN 结时，PN 结的两边就会出现电压，叫作光生电压。太阳能电池原理如图 11-3-4 所示。

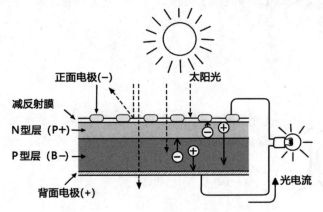

图 11-3-4　太阳能电池原理

今天，太阳能电池技术已经得到了充分的应用，如图 11-3-5 所示。

太阳能台灯　　太阳能充电宝　　房车生活用电——太阳能板　　太阳能充电板

图 11-3-5　太阳能电池技术的应用

【大万问】老师，图 11-3-5 中有一个是在汽车上的应用，是不是已经有太阳能汽车了？

【叶博士笑道】大万越来越敏锐了。但要注意，这里的汽车应用是指房车的生活用电，而不是驱动用电！

（3）并网发电

太阳的能量虽然趋于无限，但能量的散发并不均等和恒定。比如春、夏、秋、冬出现的原因是地球的公转，即使是在同一地点，不同时间段（如早晨和中午），光照的强度也不相同。因此，大范围的持续用电量难以保障。目前西部很多省份在开展"太阳能并网发电"工程。

在西部或平原地区，阳光相对充足，可在居民的屋顶（主要在农村区域）设立大量的太阳能板，如光伏电池（见图 11-3-6）。这一方面可为居民提供生活用电；另一方面对于多余的电，可以传输到公共电网，居民还会有一定的收益。但由于前期投入较大，居民对这些技术还不十分了解。目前仍处于试点阶段。

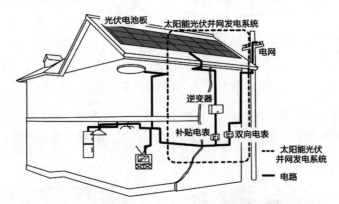

图 11-3-6　太阳能并网发电应用

3. 太阳能汽车

【大万问】既然太阳能可以用来发电，为什么不能用来作为汽车的动力源？

【叶博士回答】大万的想法非常好，但太阳能在新能源汽车上几乎没有应用。

从理论上讲，将太阳能作为汽车能源是最好不过的。全世界的科学家和汽车设计工程师都在研究这方面的技术。目前主要存在两个方面的问题尚未解决。

　　（1）太阳光照不稳定。前文说过，尽管太阳的能量巨大，但受各种因素制约，我们很难持续稳定地接收太阳能，这样就难以保证用电设备持续、稳定地使用太阳能。

　　（2）太阳能板收集和转换热能为电能的效率不高。奇瑞小蚂蚁纯电动汽车 35kW·h 容量的电池计算，在晴天，用 1m^2 太阳能板需要 19.4 天才可以充满，如图 11-3-7 所示。

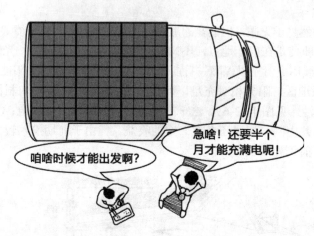

图 11-3-7　太阳能汽车应用

　　尽管如此，包括中国在内的世界各国都在研发太阳能汽车，其主要的技术目标在于提升太阳能板的电能转换效率。相信在科学家的努力下，这一目标一定能实现。图 11-3-8 所示为太阳能概念汽车。

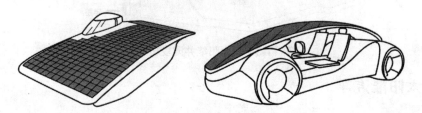

图 11-3-8　太阳能概念汽车

4．太阳能应用案例

（1）"阳光动力 2 号"太阳能飞机

全球首架太阳能飞机"阳光动力 2 号"于 2015 年完成环球飞行，创造了历史。

　　"阳光动力 2 号"太阳能飞机是一架完全由太阳能转换的电能驱动的飞机。其翼展长 72m（比波音 747 的翼展长 7.6m）。飞机由 1.7 万片高效太阳能板组成，无须任何燃油便可昼夜连续飞行，可在空中飞行的时间超过 23 天，平均速度约 50km/h，如图 11-3-9 所示。

图 11-3-9 "阳光动力 2 号"太阳能飞机

【叶博士介绍】该飞机于 2015 年 4 月 22 日降落在南京禄口机场。南京市的群众自发参观。如图 11-3-10 所示，一位南京的小朋友参观"阳光动力 2 号"太阳能飞机，并获得参观活动证书。

图 11-3-10 南京小朋友参观"阳光动力 2 号"太阳能飞机

（2）住宅使用

很多住宅积极采用太阳能相关设备，如太阳能温室、太阳能灶和太阳能热水器等，如图 11-3-11 所示为住宅太阳能应用。

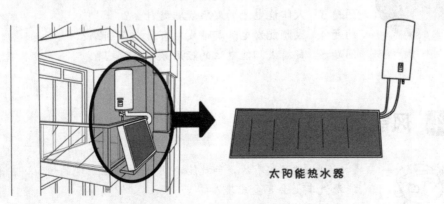

太阳能热水器

图 11-3-11 住宅太阳能应用

（3）城市使用

城市公共设备中有大量太阳能的应用，如太阳能充电站、太阳能红绿灯等，部分如图 11-3-12 所示。

太阳能红绿灯　　　　　　太阳能充电站

图 11-3-12　城市公共设备太阳能应用

本节，叶博士就太阳能技术的发展和应用给我们做了深入浅出的介绍，这里做个总结。

（1）【定义】太阳能是一种可再生能源，是指太阳的辐射能。

（2）【特性】太阳能能量巨大，且无污染，是一种理想的能源。

（3）【应用】太阳能虽有很多应用，但受稳定性和热电转换效率限制，在汽车上的应用仍在研究中。

（4）【案例】太阳能在飞机上尝试使用，在住宅、城市公共设备中应用广泛。

【名师解惑】　张林老师

问题 1：太阳能发电系统的分类是什么？

问题 2：太阳能板的分类是什么？

问题 3：太阳能电池的发展现状是什么？

问题 4：太阳能发电和其他发电有什么区别？

问题 5：目前太阳能电池的应用领域有哪些？

11.4　风能汽车技术

【大万问】"只要有风，车就能走。"科幻片里出现的情节，在未来的新能源汽车上会不会出现？

【同学讨论】小李:"既然太阳能可以让车跑起来,那风也有可能让车跑起来吧!"小周:"在电视上看到西部地区有很多'大电风扇',这是不是就是在利用风力发电?既然风力可以发电,是不是也可能有风力汽车?"

【叶博士解答】风能也与太阳能一样,属于清洁能源,在大自然,风能也是巨大的。如果利用得好,可以造福于人类。下面重点探讨风能的应用。

1. 什么是风能

风能,简单地讲,就是空气流动所产生的动能。空气为什么会流动?因为地球的形状(球形)和地球表面的形态,导致太阳辐射有着不同的差异。这种差异直接形成了温差。温度高的地区的空气要上升,温度低的地区的空气要下降,空气移动的过程中就产生了风,如图 11-4-1 所示。而这种移动的速度取决于温差的大小。

图 11-4-1 风的形成

风的能量有多大?

【大万抢答】我知道,每年都有很多台风,中央电视台都会播报。比如,2020 年,西北太平洋和南海共有 23 个台风生成,其中 5 个登陆我国。

【叶博士笑道】大万不简单,学会用量化的数据来说明问题了!赞!

国际气象组织将风速超过 17.2m/s 的风统称为台风。台风每年都会给人类的财产带来极大的损失，尤其是沿海地区。

风的级别定义如表 11-4-1 所示。

表 11-4-1　　　　　　　　　　　　风的级别定义

风级和符号	名称	风速/m	陆地物象	海面波浪	浪高/m
0	无风	0.0～0.2	烟直上	平静	0.0
1	软风	0.3～1.5	烟示风向	微波峰无飞沫	0.1
2	轻风	1.6～3.3	感觉有风	小波峰未破碎	0.2
3	微风	3.4～5.4	旌旗展开	小波峰顶破裂	0.6
4	和风	5.5～7.9	吹起尘土	小浪白沫波峰	1.0
5	劲风	8.0～10.7	小树摇摆	中浪折沫波峰	2.0
6	强风	10.8～13.8	电线有声	大浪到个飞沫	3.0
7	疾风	13.9～17.1	步行困难	破峰白沫成条	4.0
8	大风	17.2～20.7	折毁树枝	浪长高有浪花	5.5
9	烈风	20.8～24.4	小损房屋	浪峰倒卷	7.0
10	狂风	24.5～28.4	拔起树木	海浪翻滚咆哮	9.0
11	暴风	28.5～32.6	损毁普遍	波峰全呈飞沫	11.5
12	飓风	32.7～36.9	摧毁巨大	海浪滔天	14.0

通常遇到 6 级风就很难撑伞，8 级风可以将小孩、老人都吹倒，10 级风可以将轻型轿车吹走，如图 11-4-2 所示。可见风的力量是很大的！

6级　　　　　　**8级**　　　　　　**10级**

图 11-4-2　风的力量

2. 风能的利用

风的力量是巨大的。在古代，就有关于风能利用的记载。

（1）帆船

帆船就是利用风势产生动能，从而带动帆船行驶。但是由于风的方向和速度都不稳定，因此，驾驶帆船需要很高的技术，如图 11-4-3 所示。

（2）风车

风力提水自古至今都有着较普遍的应用。尤其是在平原地区，风力比较充足，能解决灌溉和牲畜用水问题。

风车是由多片风叶组成的风轮，在风的带动下旋转，通过风轮轴的转动将水提至一定的高度。再利用其势能，将水送至所需要之处，如图 11-4-4 所示。

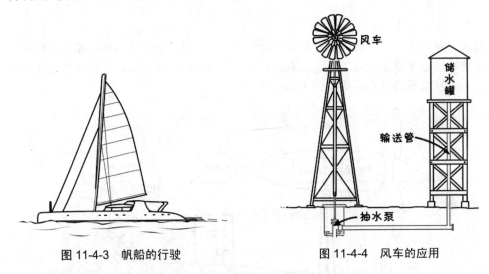

图 11-4-3 帆船的行驶　　　　图 11-4-4 风车的应用

（3）风力发电

风力发电是目前风能的最主要的应用。在广袤的西部地区，常年风力都很大。通过风吹动叶片，就可以带动中心轴转动，并由此将风能转换成电能。风力发电机在我国的西部地区已经很普及了，如图 11-4-5 所示。

图 11-4-5 风力发电机

风力发电不是不稳定吗？

【大万问】老师，风是不稳定的，那用它发出来的电是什么样的？是直流电还是交流电？这样的电怎么才能传输？

【叶博士笑答】大万提的问题越来越有深度了！越来越一针见血了！

确实，风的大小、方向等每时每刻都会发生变化，甚至在某个时间段里风会停止。这会使风叶的转动速率发生变化。风力发电机不只是简简单单的发电机，更是完整的发电和转换装置，风力发电机的基本结构如图 11-4-6 所示。

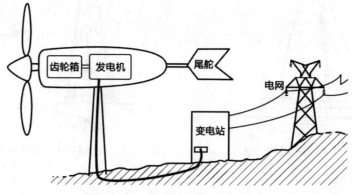

图 11-4-6　风力发电机的基本结构

由于风叶较大（一般功率为 1kW 的风力发电机的风叶长 25m），较小的风难以吹动。但较大的风叶，又具有较好的惯性（只要风叶转起来之后，哪怕风力变小，风叶利用惯性都可以转很长时间），所以，通常转速是不高的。这就需要在发电机组通过齿轮箱进行增速，然后通过输出轴将动力传递给发电机组。

风量不断变化，所以发电过程断断续续，这就很难有效地发电和输电。目前的解决方法就是用断断续续的发电电量给蓄电池充电，达到一定量之后，再进行变频处理输送到电网中。

由于交流发电机比较适用于原动力频繁变化的情况，所以，通常风力发电机都采用交流发电机，经整流成为直流电，最终再逆变成为 50Hz 的并网交流电。

【大万问】那图 11-4-6 中的尾舵，为什么很多风力发电机都没有安装？什么情况下会需要这个尾舵？

【叶博士笑答】大万的问题越来越细致入微了。

尾舵一般针对比较小的风力发电机。因为，小型风力发电机受风力的大小和方向影响较大，所以尾舵及时调整有利于风叶持续旋转。而大型风力发电机由于质量很大，其惯性也很大，一旦转动起来受风量和方向的影响较小，而它如果一定要用尾舵来调整，就需要将尾舵做得很大，这样效果就适得其反了。

风能的利用，为国民经济建设提供了很好的清洁能源，尤其是西部区域每年可提供大量的电能。2020 年全国风力发电量为 $4×10^{12}$kW · h。

3. 风能汽车

【大万问】风能既然可以转换为电能，那是不是也可以应用于风能汽车？

【叶博士回答】理论上是可行的，但目前仍在试验中。

风能汽车通常有两种模式。

（1）风能汽车

利用帆船的原理，直接在车上安装风帆或风叶，利用风力推动车辆行驶，并用风舵来调整行驶的方向，如图 11-4-7 所示。2011 年，由两名德国人合作研发的"疾风探险者"号风力汽车成功穿越广袤的澳大利亚，全程约 5000km。其主要动力为风力。其间仅使用价值 10 澳元（约合 63.54 元人民币。2011 年，1 澳元=6.3536 元人民币）的电能。

（2）风能发电汽车

利用风力进行发电，再利用电能驱动车辆。这是风能汽车的另一种模式，如图 11-4-8 所示。

图 11-4-7　风力驱动汽车

图 11-4-8　风能发电汽车

显然，这种模式由于风量和方向随时变化，发电效率较低，目前仅做研究使用，尚难以推广。

【叶博士感叹】并不是所有的能源都适合作为汽车的动力源。虽然来自自然界的能源无穷无尽，能量巨大，但由于人类对自然界的认识还远远不足，想有效地利用其资源还需要进行很多研究。但这给同学们未来探索自然、探索汽车新能源带来无限的机会。同学们一定要努力呀！

本节就风能的利用，叶博士给我们做了深入浅出的讲解，这里做个总结。

（1）【概念】风能是空气流动所产生的动能，温差是产生风的重要因素，太阳能又是产生温差的主要原因。

（2）【风能应用】从古到今，风能的应用一直在进行，并不断发展，如风帆、风车、风力发电等。

（3）【风能发电】风力发电是目前较为有效的风能应用。

（4）【风能汽车】风能汽车有两种模式，即风力驱动和风能发电驱动。

【名师解惑】　张林老师

问题 1：风能发电的风能利用率有多大？

问题 2：风能发电与太阳能发电的优缺点分别是什么？

问题 3：风力发电机的风叶转一圈能发多少千瓦·时的电？

问题 4：风能有什么优点？

问题 5：风能有什么缺点？

11.5　核能汽车

【大万问】如果有这么一辆车，它从来不需要加油，也不需要充电，动力永远充沛，那多好呀！

【同学讨论】小李："不用充电，不用加油，还要动力永远充沛，这个要求太高了！不太可能有这种车。"小周："现在科技发展很快，未来说不定真会有这种车。"

【叶博士解答】同学们有这些想法很好！任何事情，只有想到，才有可能做到！这看上去遥不可及，但科学技术在发展，你永远也想不到未来会变成什么样！下面就这个话题来共同研究！

1. 核能及应用

什么是核能？世界上一切物质都由原子构成，原子由带正电的原子核和围绕它高速旋转的带负电的电子构成，原子核由质子和中子构成。在核反应中，中子撞击原子核引起原子核裂变，在裂变过程释放出能量，同时产生新的中子。新产生的中子引起新的原子核裂变，裂变反应连续不断地进行，同时不断产生能量。这就是链式核裂变反应。如果这个反应采用的是核能铀-235 或钚-239，则这个核裂变反应放出的能量就是核能。

【大万】有点晕！太复杂了，完全听不懂！

【叶博士说道】核能确实很高深，无论是其原理本身还是核能的应用都属于高科技范畴，远非三言两语所能表述清楚。但这并不妨碍我们了解核能的性质、能量大小以及畅想未来它在汽车上的应用！

核能的能量有多大？

（1）核电站。2019 年全年全国累计发电量为 $7.1 \times 10^{13} kW \cdot h$，其中 47 台运行的核电机组累计发电量为 $3.5 \times 10^{12} kW \cdot h$，约占全国累计发电量的 4.88%。核能发电量相当于减少燃烧标准煤约 10687.62 万吨，减少排放二氧化碳约 28001.57 万吨，减少排放二氧化硫约 90.84 万吨，减少排放氮氧化合物约 79.09 万吨。也就是说，2019 年的核能发电量，相当于 1 亿多吨煤炭燃烧的发电量！

（2）核动力航空母舰。美国"尼米兹"级核动力航母的详细数据：总长 332.9m，满载排水量 91487t，航速 30kn（节），船员 3000 多人。

没错！"尼米兹"级核动力航空母舰的核能能量可以给 9.1 万吨的巨轮提供无限的续航里程，如果按此质量计算，相当于给约 60000 辆车供能。万吨巨轮与轿车的等值对比如图 11-5-1 所示。

图 11-5-1　万吨巨轮与轿车的等值对比

（3）核能除可以用于发电和军事之外，在医疗、探伤、城市环境等各个方面，都可以发挥出巨大的作用。

【大万问】既然核能这么好，为什么不大力发展？比如建设核电站，以后就不使用火力发电了，这样也就减少环境污染了。

【叶博士笑道】大万同学仍然"稚气未脱"！

案例：日本福岛核电站事故。福岛核电站共有 10 台机组，2011 年 3 月 11 日，受地震影响，该核电站发生泄漏。这对整个日本福岛的生态环境、人民健康产生了巨大影响。时隔多年，该核电站不仅没有恢复发电，所用于处理事故的废水排泄问题也仍没有解决。

由此可见，核能确实具有巨大的能量，但若不能很好、安全地利用，就会存在巨大的安全隐患。

2. 核能汽车

核能具有巨大的能量，当然其科学利用也是全世界科学家争相研究的主题之一。尤其是在环境污染严重、减排任务繁重的情况下，如何科学、安全、高效地使用核能，以及核能在汽车动力应用方面的研究，一直在进行！

（1）福特核能汽车 Nucleon

Nucleon（见图 11-5-2）是迄今为止制造出来的唯一一款真正的核能汽车，现在还停放在亨利·福特博物馆。但是终究没有量产，因为一次追尾，就可能引发一场小型的核事故。

福特汽车在 20 世纪 50 年代就推出了一款核动力概念车，名为 Nucleon。其在两个后轮之间的核反应堆以铀元素的核裂变供能，能够把水变成高压蒸汽，再推动涡轮叶片驱动汽车。然后蒸气在冷却之后返回核反应堆里面再次加热。只要核燃料没用完，它就能不断产生动力。

（2）历史上核能汽车的研究

历史上有很多企业进行过核能汽车的研究，如核动力超级跑车 Raven、凯迪拉克核动力汽车 WTF、奥迪 Mesarthim F-Tron Quattro 核能超级跑车，但大多因为安全问题没有解决而最终放弃或停止项目研究。一直以来，人类从未放弃对核能汽车的追求。

图 11-5-2 福特核能汽车 Nucleon

3. 核能安全

【大万问】看来核能利用的主要瓶颈还是安全性，那究竟目前核能利用的安全性是什么样的情况呢？

【叶博士回答】这个问题确实值得认真研究。

首先来看一下通常的核电站安全防护结构，如图 11-5-3 所示。

鉴于核裂变产生的巨大能量，核电站的防护等级是非常高的，无论是顶盖还是罐壁，都设置了钢板和钢筋混凝土外壳结构。这样才能确保核电站安全运营。我国的核电站起步较晚，20 世纪 70 年代初开始对核电站进行最初的研究试验。1974 年，我国第一座核电站——秦山核电站立项，并在 1985 年初开始建设，1991 年建成并投入运行，年发电量为 1.7×10^{10} kW·h，结束了我国无核电的历史，同时我国成了世界上第七个能够完全依靠自己力量自行设计、建造核电站的国家。

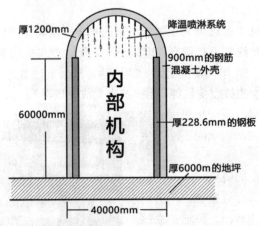

图 11-5-3　核电站安全防护结构

4．核能汽车展望

【大万挠头】核电利用的安全问题解决难度较大，那照这样讲，核能在汽车上的应用是遥遥无期了！

【叶博士笑道】虽然困难重重，但不要心灰意懒。

从目前的核能利用的技术来看，无论是应用于发电站、军舰，还是潜艇，都已经基本解决了安全防护的问题，只不过防护设施的体积和质量都较大。

相对现有的核能利用，汽车的能量需求是很小的。如果采用核能技术，很小的核能就可以使一辆汽车具有无限续航能力。在安全防护措施完善的前提下，核能污染最小，理论上是最清洁的能源之一。

　　随着科学技术的发展，科学家对核能的研究不断深入，核反应装置小型化的难题一定会解决。届时，一辆汽车的能源甚至可以装在车钥匙（或智能卡片）中。乘客可根据自己的需求，通过 App 在线调用一辆共享汽车。当核能汽车（见图 11-5-4）抵达后，乘客可以选择主动驾驶或自动驾驶模式，引导车辆向目的地行驶，并且无须考虑续航里程问题。

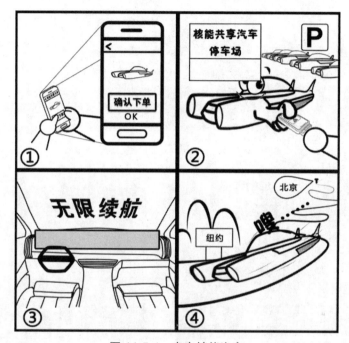

图 11-5-4　未来核能汽车

　　本节就核能的利用，叶博士不仅做了技术上的分析，还对未来核能汽车的发展进行了展望。这里做个总结。

　　（1）【定义】核能又称原子能，即原子核发生裂变时释放的能量，如重核裂变和轻核聚变时所释放的巨大能量。

　　（2）【应用】核能在现代社会中有很多应用，如发电、舰船驱动等。

　　（3）【特点】核能虽有巨大的能量，但一旦泄漏，就会产生重大事故，因此安全利用核能是非常重要的。

　　（4）【展望】核能在安全的基础上，是能量最大、最清洁的能源之一，未来一定能应用到汽车上，使得汽车成为无续航限制、无污染的时代"新宠"。

【名师解惑】　张林老师

问题 1：核能是可再生能源吗？

问题 2：发生核事故该如何处理？

问题 3：核动力汽车为什么现在还难以实现量产，有哪些原因？

问题 4：核能利用的利与弊是什么？

问题 5：目前我国在建的核电站有几座？